Beyond Agile

T0343081

Beyond Agile

Alexander Güttler · Tobias Bruse

Beyond Agile

Ein neues System der Unternehmensorganisation in der Praxis

Alexander Güttler
komm.passion GmbH
Düsseldorf, Nordrhein-Westfalen
Deutschland

Tobias Bruse
komm.passion GmbH
Düsseldorf, Deutschland

ISBN 978-3-662-65033-2   ISBN 978-3-662-65034-9   (eBook)
https://doi.org/10.1007/978-3-662-65034-9

Die Deutsche Nationalbibliothek verzeichnet diese Publikation in der Deutschen Nationalbibliografie; detaillierte bibliografische Daten sind im Internet über http://dnb.d-nb.de abrufbar.

Planung/Lektorat: Mareike Teichmann
Springer Gabler ist ein Imprint der eingetragenen Gesellschaft Springer-Verlag GmbH, DE und ist ein Teil von Springer Nature.
Die Anschrift der Gesellschaft ist: Heidelberger Platz 3, 14197 Berlin, Germany

Danke

Wir bedanken uns bei Dr. Rüdiger Ganslandt für seine tatkräftige Unterstützung bei der Erstellung dieses Buches.

Danke auch an Michael Peters, dessen Master-Thesis ein wichtige wissenschaftliche Grundlage zur Beschreibung des komm.passion-Systems war.

Und nicht zuletzt: Danke an alle Mitarbeiterinnen und Mitarbeiter bei komm.passion, die das System jeden Tag mit Leben füllen.

Inhaltsverzeichnis

1

Einleitung

Zusammenfassung Akribisch durchgeplante, hierarchische und „leane" Organisationsformen auf der einen Seite. Hochflexible, demokratische und agile Strukturen auf der anderen Seite. Was wie ein diametraler Gegensatz klingt, muss in der Praxis nicht zwingend einer sein. Beim Blick in die Zukunft der Unternehmensorganisation geht es viel eher um den Brückenschlag von der Effizienz klarer Strukturen und der Innovationskraft dynamischer Systeme. Die Unternehmensberatung und Kreativagentur komm.passion übt sich seit 2014 in einem solchen Brückenschlag. Die besten Ansätze aus beiden Welten, die besten Methoden aus verschiedenen Modellen, wurden in ein System überführt. Dieses System ist keinesfalls theoretisch-akademisch geplant, sondern in der Praxis gewachsen. Mit einer Erkenntnis: Streng hierarchische Führung und agile Demokratie innerhalb einer Organisation schließen sich nicht aus – wenn das richtige System dahintersteht. Begleiten Sie uns auf einer Reise, bei der Freude an der eigenständigen Arbeit, Verantwortungsbewusstsein, hohe Innovationsfähigkeit, klare Regeln und Strukturen, Flexibilität und durchgängige Effizienzorientierung eine wetterfeste Ehe eingegangen sind.

A. Güttler und T. Bruse, *Beyond Agile,* https://doi.org/10.1007/978-3-662-65034-9_1

Die Zeiten, als deutsche Unternehmen standardmäßig in über-komplexen hierarchisch angeordneten Linienorganisationen geführt wurden, sind längst vorbei. Seit den Neunzigern hat eine Woge des „Lean" die letzten verbliebenen Ewiggestrigen aus den Teppichetagen gespült. Die Unternehmen wurden schlanker, Effizienz zur Maxime und beides hat die Wettbewerbsfähigkeit des Westens im Kräfte-messen mit dem aufstrebenden Asien deutlich verbessert. Dabei basiert der Gedanke des Lean-Managements nicht auf Revolution und Abschaffung der Hierarchien, sondern auf der Verschlankung innerhalb eines etablierten Systems. Mittlerweile rollt aber eine zweite Welle durch die Unternehmen, die eine Agilisierung der Organisationen fordert, um dem immer schnelleren Innovations- und Veränderungstempo standhalten zu können. Ehemalige Black Belts für Six Sigma schulen zum Scrum Master um. Es entsteht ein Trend zur Flexibilisierung der Prozesse und zum Empowerment der Mitarbeiter:innen, der sich erfreu-lich positiv in den Geschäftszahlen niederschlägt. Aus Hierarchie wird immer häufiger Demokratie. Revolution.

Beide Konzepte, „Lean" wie „Agil", können Erfolge vorweisen und das ist erstaunlich, weil sich die Philosophie einer akribisch durch-geplanten, effizienten, hierarchischen – also „leanen" – Organisation und die Philosophie einer hochflexiblen, demokratischen – also agilen – Struktur auf den ersten Blick diametral gegenüberstehen.

Dieser Dauerwettbewerb hierarchischer und demokratischer Systeme ist alles andere als neu. Seit Urzeiten organisieren wir uns in wie auch immer gearteten Rangordnungen und gleichzeitig schätzen wir spätestens seit der griechischen Polis und der damit einhergehenden Demokratieentwicklung den Dialog vieler. An die profanen Beweg-gründe werden sich viele noch aus dem Geschichtsunterricht erinnern. Es war nicht irgendeine höhere Idee, die als strahlende Vision den Weg Richtung Demokratie ebnete, sondern die schlichte Notwendig-keit mehr Bürger als Ruderer für den Krieg zu gewinnen. Im Gegenzug musste man ihnen mehr Rechte geben. Bis heute konkurrieren in Wirt-schaft wie Gesellschaft unterschiedliche Systeme zwischen Anweisung und Partizipation.

Dieses Buch schaut genauer hin und zeigt, wie der Brücken-schlag zwischen beiden Welten gelingt, wie sich die Effizienz und Geschwindigkeit klarer Strukturen mit der Innovationskraft dynamischer Systeme verbinden lässt.

komm.passion – als Synthese aus Unternehmensberatung und Kreativagentur immer schon in Brückenschlägen geübt – hat 2014 damit begonnen, ein übergreifendes strukturiertes Modell für agile und flexible Prozesse zu entwickeln und mit vollem Risiko in der Praxis zu erproben. Angeführt von der Geschäftsführung Frederic Bollhorst, Jelena Mirkovic und Prof. Dr. Alexander Güttler wollte die Agentur ein neues Modell der Zusammenarbeit etablieren. Vom Start weg war es dabei nie unser Ansatz, Konzepte von der Stange kritiklos zu implementieren. Im Gegenteil. Wir wollten von allen lernen und dann diejenigen Elemente verschmelzen, welche für die Anforderung unseres Marktes am besten geeignet sind. Die Geschäftsführung und die Vielzahl der Kolleg:innen hatten schon eine ganze Reihe von Organisationen erlebt: Militär, öffentlich-rechtliche Anstalten, Nonprofit-Organisationen, Agenturen, Beratungsunternehmen, Konzerne und Mittelständler. Viele hatten teilweise über Jahrzehnte selbst erlebt, wie die hierarchischen Pyramiden flacher wurden und haben sich durch die Irrungen und Wirrungen vielfältiger Matrixorganisationen gekämpft.

Kanban und Kaizen waren bei uns allen längst in Fleisch und Blut übergegangen und natürlich kannten auch wir den Golden Circle von Sinek, waren von Sinngebung wie Purpose-Denke durchdrungen und setzten auf sinnstiftende Motivation. Der „Serving Leader" war Teil unserer DNA und fand sich in Vision wie Mission wieder. Zudem gab es da noch eine großartige Anzahl von agilen Modellen wie Scrum und Design Thinking, mit denen wir seit Jahren arbeiteten um einzelne Projekte anders zu organisieren oder zu visualisieren. So wurden diese „Werkzeuge" und Erfahrungen zwar auf der operativen Projektebene erfolgreich angewendet, führten aber nicht zu einer grundsätzlichen Veränderung der Agentur selbst. Anders formuliert: Wir kannten zwar die Werkzeuge, hatten aber kein ganzheitliches System – und durften das nicht verwechseln. Doch was fehlte für den entscheidenden Schritt zum System?

Selbstverständlich haben wir auf der Suche auch Laloux „Reinventing Organizations" gelesen und sind davon stark inspiriert worden.

Soziokratie, Holakratie und Laloux – das tönte alles großartig, aber irgendwie blieb bei uns ein Störgefühl. Es fehlte etwas. Wir müssen Mieten und Gehälter bezahlen und daher nachhaltig Geld verdienen. Vieles wirkte für uns zu abgehoben und nicht aus der Praxis kommend. Was ebenfalls entscheidend hinzukam: All die Modelle und Ideen rund um Agilität sollten zwar die Arbeit agilisieren und die Flexibilität erhöhen, waren aber in sich nur wenig flexibel. Sie waren starr. Zudem fehlten die (großen) wirtschaftlichen Erfolge als Belege.

Auf der anderen Seite fanden wir viele Erfolgsgeschichten mit all den Insignien neuer Unternehmenskulturen – lichtdurchflutete Büros, Relax-Inseln, flexible Arbeitszeiten, Abschied vom Dresscode, Dienstfahrräder und natürlich überall Tischkicker. Hinter dieser Hochglanzoberfläche waren dann aber meist knallharte Geldverdien-Maschinen versteckt, deren vermutlich nicht geringe Burnout-Raten nur selten Gegenstand visionärer CEO-Reden waren. Ganz ehrlich: Das war uns zu sehr Sekte mit Silicon Valley-Attitüde und auch nur eine andere, verstecktere Form der Ausbeutung. Und auch dahinter stand kein ganzheitliches und tief greifendes System, sondern maximal eine schicke Oberfläche.

Was all diesen Strömungen, Ideen und Modellen fehlte war eine Frage, die sich als echter Dauerbrenner bezeichnen lässt: Welche Art der Führung und Organisation ist in welchen Zusammenhängen angemessen? Die entscheidende Erkenntnis: Das kann wechseln, auch innerhalb eines Systems. Der Schlüssel liegt in einer angepassten Form von lateraler Organisation.

Mit dieser Erkenntnis im Hinterkopf haben wir uns darangemacht, ein System zu schaffen, in dem der agile Rollenwechsel geübte Praxis ist, gleichzeitig aber klare Führungs- und Kontrollsysteme existieren. Es geht nicht um „entweder/oder", es geht um „sowohl als auch". Dabei haben wir schnell gelernt, dass eine hohe Eigenständigkeit mit vielen Freiheiten in noch höherem Maße Eigenverantwortung und verlässliche Leitplanken braucht. Scherzhaft formulierte einmal ein Kollege, dass die hässliche Schwester der Freiheit die Verantwortung sei. Wir machten auch die Erfahrung, dass diese Dualität nicht von allen Menschen gewünscht ist. Hierzu bedarf es eines speziellen Mindsets, das man aber nach unseren Erfahrungen glücklicherweise bei vielen Menschen entwickeln kann.

Was lange vor Corona deutlich wurde ist, dass bei Arbeitsformen, in denen Projektteams weitestgehend agil und selbstständig agieren, der Ort der Arbeit immer weniger wichtig wird. Insbesondere hybride Arbeitsformen ergaben sich beinahe von selbst. Unterstützend kam hinzu, dass IT-Angebote wie Teams, Zoom, oder Sharepoint-Lösungen ideal zu unseren neuen Arbeitsformen passen.

Dabei ist unser System keinesfalls monolithisch, sondern ein Baukasten, der sich ganz unterschiedlich zusammensetzen lässt. Dies haben wir bei einer Vielzahl von externen Projekten auch bereits getan. Bei uns selbst sprechen wir ganz wie in der klassischen Mengenlehre von drei sich überschneidenden und ergänzenden Kreisen. Der erste davon ist das sogenannte „PO-System", die Art und Weise, wie wir Arbeit verteilen und organisieren. Der zweite ist das sogenannte „Mentorensystem" – Mitarbeiterentwicklung im agilen Arbeiten. Und last but not least als dritter Kreis das „Kompetenzsystem", der Erhalt und Aufbau von Wissen, die praktische Nutzbarmachung über Wikis und die ständige Weiterentwicklung im Sinne einer Innovationskultur. Hinzu kommt ein „Servicecenter" mit klaren Transparenz- und Controllingfunktionen, sodass jedes Kundenteam so handeln kann, als wäre es ein eigenständiges Unternehmen. Dies führt dazu, dass in einem Projekt nie die betriebswirtschaftlichen Aspekte aus dem Auge verloren werden und hier schon selbst Praktikant:innen in ein entsprechendes Mindset hineinwachsen.

Glauben wir, damit so etwas wie den Stein der Weisen gefunden zu haben? Ganz sicher nicht. Wir halten es mit dem alten Satz, dass, wer vor sich selbst auf den Knien liegt, keinen Schritt mehr vorankommt. In den vergangenen Jahren gab es vermutlich nicht einen einzigen Tag, an dem alles perfekt lief. Das ist auch gut so, denn Perfektion streben wir gar nicht an. Zum agilen System gehört nach unserer Auffassung unabdingbar das kontrollierte Experiment und die Abkehr von einer 100-%-Denke. Es geht um „Trial and Error". Dies mag in Deutschland nicht immer einfach sein, aber man gewinnt enorm an Schnelligkeit wie Flexibilität. Wir jedenfalls haben dabei den abnehmenden Grenznutzen lieben gelernt …

Bei aller Selbstkritik glauben wir aber dennoch, eine Lösung gefunden zu haben, die auch auf Unternehmen außerhalb der Beratungswelt übertragbar ist. Bei den Kommunikations- und Marketingabteilungen großer Unternehmen ist dies mit Sicherheit problemlos möglich und kann dort sowohl die Effizienz der Arbeit, als auch die Flexibilität beim Umgang mit Projekten jenseits vorstrukturierter Routinen erleichtern. Dazu haben wir aus unserem sehr spezifischen Ansatz das 3A-Modell entwickelt, das genau auf die Anforderungen von Unternehmen ausgerichtet ist. Wir sind der Überzeugung, dass der Brückenschlag zwischen straffen hierarchischen Organisationsstrukturen und dynamischen Netzwerken dem ganzen Unternehmen guttut. Sehr häufig ist das Bekenntnis zur Agilität in großen Organisationen nur eine hauchdünne Farbschicht, hinter der alte Hierarchien unverändert bleiben. Dies hat vermutlich sogar gute Gründe, denn ein Unternehmen, das es mit der Demokratie übertreibt, hat in schwerem Wetter oft nicht mehr die Entschlusskraft, die es zum Überleben braucht. Genau hier kann ein Modell seine Stärken zeigen, das flexibel auf die wechselnden Anforderungen eines Wettbewerbsumfelds reagieren kann, in dem schwarze Zahlen ebenso wichtig sind wie kreative Lösungen jenseits des Tellerrands.

Begleiten Sie uns also auf einer Reise, bei der Freude an der eigenständigen Arbeit, Verantwortungsbewusstsein, hohe Innovationsfähigkeit, klare Regeln und Strukturen, Flexibilität und durchgängige Effizienzorientierung eine wetterfeste Ehe eingegangen sind.

Auf dieser Reise taucht das Buch in Kap. 2 in die Geschichte der Unternehmensorganisation ein und widmet sich dem Prinzip der Hierarchien – mit Linien- und Matrixorganisationen und all den damit verbundenen Vor- und Nachteilen. In Kap. 3 steht die Effizienz im Vordergrund: Wir schauen auf eine Trendwelle aus Asien, in der Unternehmen immer schlanker und effizienter werden. Dabei beleuchten wir auch die immer noch weit verbreiteten Tools wie Kanban oder RACI. In Kap. 4 steigt dieses Buch schließlich in die Welt der Agilität ein und gibt einen Überblick über agile Modelle und Systeme. Dabei geht es von Scrum und Design Thinking bis hin zu ganzheitlichen Ansätzen wie der Soziokratie oder der Holokratie.

Den Brückenschlag all dieser vorhandenen Ansätze wagen wir in Kap. 5, ehe wir in Kap. 6 darauf schauen, wie dieser Brückenschlag in der Praxis funktioniert. Anhand der Agentur komm.passion beleuchten wir, was es mit situativer Führung und lateraler Organisation auf sich hat – und was bei der Einführung eines Systems „beyond agile" zu beachten ist. Weil komm.passion als Agentur keine Blaupause für mittelständische Unternehmen und Großkonzerne ist, folgt in Kap. 7 ein Überblick über das „3A-Modell", dass den systemischen Brückenschlag aus „alter und neuer Welt" für Marketing-, Kommunikations-, HR- und Vertriebsabteilungen aus anderen Unternehmen greifbar macht.

2

Die Heilige Ordnung – Hierarchien

Zusammenfassung Hierarchien sind das älteste Führungsmodell sozialer Gefüge. Pyramidenförmig geschichtete Entscheidungsebenen haben sich von der antiken Familie bis zur Verwaltung ganzer Imperien so sehr bewährt, dass sie auch heute noch als selbstverständlich empfunden werden. Doch der Wirtschaftsstandard Hierarchie bringt eine Vielzahl an Nachteilen mit sich. Einer der größten: Ihre Eigendynamik in Richtung wachsender Komplexität. Wird nicht aktiv gegengesteuert, nimmt die Zahl an Hierarchieebenen fast zwangsläufig zu und damit auch der Aufwand der Hierarchie, sich selbst zu verwalten. Darunter leidet nicht nur die Kreativität. Es existieren – ebenfalls seit der Antike – demokratische Gegenbewegungen, welche die Gesellschaft vom Individuum denken und durch das Empowerment des Einzelnen erhebliche Kräfte freisetzen. In der Wirtschaft kommen diese Gegenbewegungen aber sehr spät an. Erst der hohe Wettbewerbs- und Innovationsdruck globalisierter Märkte erzwingt eine Neubewertung der hierarchischen Organisation und sorgt für die Entwicklung neuer Konzepte, mit denen diese Organisationsformen optimiert oder sogar abgelöst werden. Es geht um mehr Dynamik und höhere Kreativität.

A. Güttler und T. Bruse, *Beyond Agile*, https://doi.org/10.1007/978-3-662-65034-9_2

Hierarchien begleiten den Menschen, seitdem er von den Bäumen heruntergeklettert ist und begonnen hat, soziale Gefüge aufzubauen. Vermutlich liegen die Ursprünge sogar noch wesentlich tiefer in der Evolutionsgeschichte, denn die Machtgefüge in Wolfsrudeln oder Primatengruppen sind mindestens so rigide wie beim städtischen Bauamt oder der Holding eines börsennotierten Konzerns. Wie dem auch immer sei, die Neigung, Organisationen pyramidenförmig aufzubauen ist in jedem Fall älter als die Pyramiden selbst. Einen Namen bekommt das Ganze allerdings erst vergleichsweise spät. Die frühe christliche Theologie behauptet, Engel seien in drei Berichtsebenen mit jeweils drei Unterebenen organisiert und nennt dieses Organigramm Hierarchie, sprich Heilige Führung (Areopagita 1911). Was für die Himmlischen Heerscharen taugt, muss auch für die irdische Realität gut sein und so wird im 6. Jahrhundert die Kirchenhierarchie in 24 Rangstufen vom Hohepriester bis zum einfachen, diensttuenden Priester der jeweiligen Woche strukturiert. Als „Heilge Ordnung, segenreiche Himmelstochter" greift Schiller den Gedanken auf und macht die (nahezu) wörtliche Übersetzung des Begriffes Hierarchie damit bis heute sprichwörtlich (Schiller 1799).

Das Grundprinzip hierarchischer Organisation ist einfach. Im Idealfall werden von einer obersten Entscheidungsebene abwärts untergeordnete Entscheidungsebenen definiert, die jeweils Einheiten vergleichbarer Aufgaben und Kompetenzen enthalten. Auf diese Weise entsteht eine Pyramide, in der jede Einheit nur an eine übergeordnete Ebene berichtet, ihrerseits aber mehrere untergeordnete Einheiten steuern kann. Von oben nach unten sinken Kompetenzen, Prestige und Vergütung, an der Spitze treffen wenige Menschen die strategischen Entscheidungen, an der Basis werden nur noch Anordnungen ausgeführt. Je größer eine Organisation ist, um so zahlreicher werden in aller Regel die Hierarchieebenen. Die Leitungsspanne als Maß für den direkten Einfluss einer Einheit nimmt ab, die Leitungstiefe nimmt über die Einführung zusätzlicher Hierarchieebenen zu. Dies mag abstrakt klingen, in der Praxis entscheidet sich aber über eine der Organisationsgröße angemessene Leitungstiefe die Frage, ob das Führungskonzept nur zur Vermehrung von Vorzimmern und Dienstwagen oder zur Steigerung der Effizienz beiträgt.

2.1   Monarchen und Massen

Die Heilige Ordnung bietet ein so schlichtes, überzeugungskräftiges Organisationsmodell, dass sie mühelos als Naturgesetz verkauft werden kann. „Ober sticht Unter" kann jeder verstehen und gegebenenfalls mit etwas Zähneknirschen auch akzeptieren. Unten vertraut man habituell dem Versprechen, am Segen eines effizienten Systems partizipieren zu dürfen, oben sind Macht und Erfolg unmittelbar zu spüren. Hierarchien haben daher das Zeug zur Weltformel für alle Ebenen des sozialen Zusammenlebens. Keimzelle hierfür ist seit unvordenklichen Zeiten die patriarchalische Familie als kleinste Einheit. Die Römer treiben dies Modell bis ins Extrem, indem sie dem pater familias die absolute Herrschaft über Frau, Kinder, Dienstboten und Sklaven zubilligen. In der Antike reicht diese Vollmacht bis hin zum Recht, Familienmitglieder jenseits aller staatlichen Justiz zu töten. Ganz so groß ist die Machtfülle des Patriarchen heute nicht mehr. Wie resilient das hierarchische Familienkonzept aber ist, zeigt die Tatsache, dass Frauen hierzulande erst seit 1962 ein eigenes Bankkonto haben können und erst seit 1977 ohne Zustimmung ihres Ehemannes eine Berufstätigkeit aufnehmen dürfen.

Nach dem Modell der Familie lassen sich auch Imperien strukturieren. Am konsequentesten ist hierbei das chinesische Kaiserreich mit seinem konfuzianischen Gesellschaftsmodell, in dem die Sohnespflicht gegenüber dem Vater identisch ist mit dem Gehorsam des Untertanen gegenüber dem Kaiser und seinen Beamten. Das Abendland zeigt dagegen, dass hierarchische Staatsorganisation auch ohne die Familie als Schnittmuster prächtig funktioniert. In Deutschland hat die feudale Adelspyramide, bei der vom Kaiser abwärts Könige, Herzöge, Grafen und Barone über immer kleinere Territorien herrschen, weit mehr als ein Jahrtausend Bestand gehabt. Genau genommen ist die Tradition noch länger, weil sich die merowingischen Kaiser nicht nur ihren Titel, sondern auch ihre aristokratischen Strukturen von den Römern ausgeborgt haben. Erst die epochale Niederlage von 1918 lässt die Pyramide einstürzen und heute ist der Adel nur noch ein Anachronismus in der Yellow Press. Die Heilige Ordnung hat aber auch das überstanden und lebt ungebrochen in den bundesrepublikanischen Verwaltungsstrukturen weiter. Schon die Existenz oberster Bundesbehörden (wie den Ministerien oder dem Bundesrechnungshof), damit nicht zu verwechselnder Bundesoberbehörden (wie dem Bundeskriminalamt oder der Bundesstelle für Eisenbahnunfalluntersuchung) sowie Bundesmittelbehörden und Bundesunterbehörden (wie den Hauptzollämtern, den Bundespolizeidirektionen oder der Wehrtechnischen Dienststelle für landgebundene Fahrzeugsysteme, Pionier- und Truppentechnik) zeigt, wie tief gestaffelt die Verwaltungshierarchie alleine auf Bundesebene ist.

Eine jahrtausendelange Erfolgsgeschichte macht die Hierarchie allerdings nicht zum Monopolisten auf dem Markt für Organisationsmodelle. Jede Kraft erzeugt eine Gegenkraft und so ist kaum verwunderlich, dass auch die Entwicklungsgeschichte der Hierarchie schon seit ihren Kinderschuhen von Gegenmodellen begleitet wird. Wohl das wichtigste ist dabei die griechische Antike. Die athenische Polis war ursprünglich nach Einkommen in vier Stände gegliedert, von denen die unterste Klasse der Theten wenig zu melden hatte. Sie hatten keinen Grundbesitz und erreichten als Tagelöhner oft kaum den Lebensstandard von Sklaven. Formal waren sie zwar frei und besaßen sogar das aktive Wahlrecht, von politischen Ämtern waren sie jedoch ausgeschlossen und auch ansonsten kaum in der Polis repräsentiert. Das änderte sich allerdings deutlich, als Griechenland Vorbereitungen für Angriffe der Perser traf. Zu Lande hatte Griechenland der Großmacht im Osten außer spartanischem Heldenmut wenig entgegenzusetzen. Auf See sah das allerdings anders aus und so setzte Athen bei seiner Strategie vor allem auf die Befestigung des Hafens Piräus und den Bau einer Flotte von Kriegsschiffen. Für deren Bemannung musste man allerdings buchstäblich die Theten mit an Bord haben, denn die wurden in Kriegszeiten für lästigere Aufgabenstellungen rekrutiert. Jede Triere brauchte rund 170 Ruderer und auf diesen gleichermaßen anstrengenden wie gefährlichen Job hatte niemand wirklich Lust. Geld nach dem Problem zu werfen, kam auch nicht infrage und so blieb als einzige Lösung die Vergütung durch Teilhabe. Aus dem griechischen Ständestaat wurde dabei eine echte Demokratie und das Empowerment der Theten funktionierte so gut, dass Griechenland seine Selbstständigkeit erfolgreich verteidigen konnte (Weiwei 1998). Ähnliche Entwicklungen zeigen sich später auch im kalten Norden. Hier gibt es eine lange Tradition freier Bauern, die sich von Königen in weit entfernten Metropolen oder dem Fürstbischof in der nächsten Handelsstadt wenig sagen lassen wollen. In Deutschland haben sie damit wenig Zukunft, in England dagegen sichern sie sich ihren Status als freie Yeomen erneut durch militärische Unersetzbarkeit. Der Yeoman holt mit seinem Langbogen gepanzerte Reiter vom Pferd und das reicht aus, um ihn vor der Leibeigenenrolle anderer Bauern zu bewahren. Auch weiter oben in der Pyramide sorgt die Erinnerung an freiere Zeiten für Unordnung. Letztlich scheitert der von den Normannen begonnene Versuch, in England die klare Adelshierarchie Frankreichs zu kopieren. Die Magna Charta verschiebt 1215 einen großen Teil der feudalen Macht vom König zu den Baronen und sichert darüber hinaus allen freien Bürgern den Schutz eines Rechtsstaats (Magna Charta 1215).

Bei der Strukturierung von Gesellschaften hat das hierarchische Pyramidenmodell also durchgängig Konkurrenz durch demokratischere Ansätze, die den Staat nicht von der Führung, sondern vom Individuum her denken. Beide Ansätze haben ihre Stärken und Schwächen – die Hierarchie punktet durch Transparenz sowie das Potenzial, Strategien schnell zu entwickeln und stringent umzusetzen. Die Demokratie schwächelt durch langwierige Entscheidungsprozesse und kompromiss-lastige Ergebnisse, dafür kann sie aber auf die Schwarmintelligenz und das ungebremste Engagement der Gesamtbevölkerung setzen. Weder die Hierarche noch ihre demokratischeren Gegenmodelle bieten eine perfekte Lösung und so gibt es in der Geschichte immer wieder abrupte Wechsel zwischen beiden Systemen. Musterbeispiel ist die Französische Revolution, bei der eine zu absolutistischer Maximalform gesteigerte Monarchie 1789 gewaltsam durch eine Republik ersetzt wird, die sich Freiheit, Gleichheit und Brüderlichkeit auf die Fahnen geschrieben hat. Das demokratische Intermezzo dauert allerdings gerade einmal 15 Jahre, denn bereits 1804 holen sich die Franzosen Napoleon als Kaiser auf den Thron und gehen damit wieder zurück auf Feld Eins.

2.2   Wirtschaftsstandard Hierarchie

Im Wirtschaftsleben kommt der Wettbewerb zwischen Hierarchie und Demokratie erstaunlicherweise erst extrem spät an. Dies mag daran liegen, dass Unternehmen vergleichsweise sparsam mit ihren Hierarchieebenen umgehen und bürokratische Exzesse nicht mit Revolutionen, sondern mit Insolvenzen enden. Selbst in Konzernen umfasst die Spanne von der Chefetage bis zu den Sachbearbeiter:innen im Großraumbüro oder den Arbeiter:innen in der Produktion selten mehr als fünf Hierarchiestufen. Ob die Teppichetage dabei um eine Direktorenebene erweitert wird oder ob in Richtung des operativen Geschäfts eine Feingliederung in Hauptabteilungen, Abteilungen und Gruppen für nötig gehalten wird, ist fast schon eine Geschmacks- und Traditionsfrage.

Bekannte und weit verbreitete Organisationsmodelle, die dieser Tradition folgen, sind zum Beispiel die Linienorganisation und die Matrixorganisation. Die Linienorganisation funktioniert in klassischer Pyramidenform. An der Spitze sitzt die Unternehmensführung, darunter wird das Unternehmen in Gruppen, Bereiche oder Abteilungen getrennt. Jede dieser Abteilungen hat wiederum eine Spitze und darunter weitere Sub-Einheiten, z. B. einzelne Teams. Auch diese Teams haben wieder einen Teamleitung an der Spitze. Verantwortung wird klassisch von oben nach unten gegeben und bleibt dabei immer in den jeweiligen Abteilungen (siehe Abb. 2.1).

Bei der Matrixorganisation wird das System etwas komplizierter, denn in der Matrix geht es um eine mehrdimensionale Organisationsstruktur und damit eine Mehrlinienorganisation. Unverändert bleibt aber auch hier die Geschäftsführung als Spitze über allen weiteren Abteilungen. Ab der zweiten Führungsebene (oder auf unteren Hierarchieebenen) gibt es dann aber mehr als einen Verantwortlichen/Zuständigen für eine Entscheidung. An einem Beispiel: Ein Unternehmen stellt ein neues Produkt her. Dieses Produkt hat einen verantwortlichen Produktmanager. Gleichzeitig hat das Unternehmen die Abteilung Marketing mit einer Marketingleiterin. Das Team im Marketing, das den Verkauf des Produktes operativ umsetzen soll,

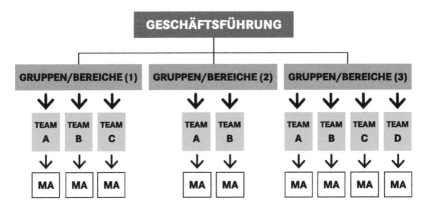

Abb. 2.1 Die klassische Linienorganisation. (© komm.passion 2022. All Rights Reserved)

hat nun zwei Weisungsbeziehungen: Die abteilungsbezogene zur Marketingleiterin und die objektbezogene zum Produktmanager. Durch diese Doppelstruktur soll die Entscheidungsqualität verbessert werden, weil unterschiedliche Perspektiven gemeinsam entscheiden.

Entscheidend ist in diesen und ähnlichen Modellen, dass das Grundprinzip einer hierarchischen Unternehmensstruktur und damit das Konzept fester Rollenverteilungen und Steuerungsmechanismen lange Zeit völlig selbstverständlich waren. Dahinter steckt mehr als nur die Macht der Gewohnheit oder das (häufig eher abschreckende) Beispiel aus dem bürokratischen Umfeld. Eine hierarchische Aufbauorganisation schafft standardisierte, transparente Verhältnisse und korrespondiert eng mit einer ebenso detailliert festgeschriebenen Ablauforganisation.

In der gemütlichen Welt von gestern, als Geschäftsmodelle noch für die Ewigkeit geschrieben wurden, lassen sich die Interessen aller Stakeholder:innen in einem hierarchischen Konzept gut miteinander vereinbaren. Das Unternehmen beispielsweise schafft eine solide Basis dafür, die Effizienz seiner Prozesse zu optimieren und damit seine Wettbewerbsfähigkeit und seine Wertschöpfung zu steigern. Zulieferer können ihre Organisationsstrukturen und ihre Prozesse mit denen ihrer Auftraggeber synchronisieren und erleichtern damit den Aufbau großer, internationaler Ökosysteme, wie sie zahlreiche

Branchen prägen. Kunden profitieren von der Verlässlichkeit, mit der Termin- und Qualitätsversprechen eingehalten werden können. Am unmittelbarsten werden die Vorteile für die Mitarbeiter:innen spürbar. Sie haben klare – und vor allem gleichbleibende – Vorgaben für ihre Kommunikation und ihre Arbeit und stehen nur für das gerade, was in diesen Bereich fällt. Zudem bietet eine steile Hierarchie zahlreiche Beförderungschancen und damit die Möglichkeit, Karriereträume ohne lästige Firmen- und Ortswechsel zu verwirklichen. Hinzufügen ließen sich noch die rechtlichen Rahmenbedingungen. Für nahezu jede unternehmerische Handlung fordert das Gesetz hierzulande eine Person, welche mit ihrer Unterschrift die Verantwortung übernimmt und gegebenenfalls für Rechtsverstöße oder einen entstandenen Schaden haftet. Dies gilt sogar für die Organhaftung, bei der die Verantwortlichkeit von Unternehmen auf ihre rechtlichen Vertreter wie Geschäftsführer:innen oder Aufsichtsräte abgewälzt wird. Ein Unternehmensstrafrecht wie in den USA, bei dem eine ganze Organisation in Regress genommen werden kann, gibt es in Deutschland nämlich nicht.

2.3   Erfolgsmodell mit Mängeln

Diesen Vorteilen einer hierarchischen Organisation stehen allerdings eine ganze Reihe von Nachteilen gegenüber, von denen zwei systemisch sind. Hierarchien haben, wie alle Systeme, eine Eigendynamik in Richtung wachsender Komplexität. Wird nicht aktiv gegengesteuert, nimmt die Zahl an Hierarchieebenen also fast zwangsläufig zu und damit auch der Aufwand der Hierarchie, sich selbst zu verwalten. Für die Wettbewerbsfähigkeit großer Unternehmen bedeutet dies, dass der economy of scale and scope eine organisationsbedingte Kraft entgegenwirkt, die dafür sorgt, dass die Bäume nicht in den Himmel wachsen. Cyril Northcote Parkinson hat diesen Mechanismus 1955 in einem Artikel für den Economist als Naturgesetz formuliert, den er 1957 zu einem Buch ausbaut (Parkinson 1957). Was eigentlich eher satirisch gemeint war, hat sich zu einem bis heute relevanten Klassiker der Wirtschaftsliteratur entwickelt. Parkinsons Gesetz konstatiert, dass Arbeit sich in genau dem Maß ausdehnt, wie Zeit für ihre Erledigung zur Verfügung steht. Bei sinkender Leitungstiefe verschiebt sich der Fokus dabei immer stärker von der Bearbeitung inhaltlicher Aufgaben zur internen Abstimmung. Den Anstoß für Parkinsons Analyse geben seine Erfahrung mit der überbordenden Bürokratie der britischen Kolonialverwaltung. Als empirischen Beleg nimmt er dann die Entwicklung der britischen Marine von 1914 bis 1930 unter die Lupe. Zu Beginn des ersten Weltkriegs verfügt das Vereinigte Königreich noch über 62 Schlachtschiffe mit nahezu 150.000 Offizieren und Matrosen für die bescheidene 2000 Beamt:innen der Admiralität zuständig sind. Bis 1930 sinkt die Zahl der Schlachtschiffe auf 20 und die Zahl der Offiziere und Matrosen auf gut 100.000. Die Zahl der Verwaltungsbeamt:innen nimmt aber trotz dieser Schrumpfung um 78 % zu. Parkinson konstatiert, dass im Extremfall kein einziges Schiff und kein einziger Matrose mehr nötig sind, um die Existenz einer gigantischen Marinebürokratie zu rechtfertigen (Parkinson 1999). Bisher ist dieser Extremfall einer Organisation, die so komplex ist, dass sie keinerlei externen Output mehr erzeugt, sondern ihre gesamte Arbeitszeit damit verbringt, sich selbst zu verwalten, noch nirgendwo erreicht worden. Die EU beispielsweise ist aber ganz offensichtlich auf einem guten Weg.

Das zweite systemische Problem von Hierarchien hängt mit den Beförderungsmechanismen innerhalb der Pyramidenstruktur zusammen. Ziel müsste es hier sein, Mitarbeiter:innen so zu entwickeln, dass sie synchron mit ihren wachsenden Fähigkeiten aufsteigen und letztlich in einer Position verbleiben, die sie weder unter- noch überfordert. Dies wäre eine Win-Win-Situation mit zufriedenen, loyalen Mitarbeiter:innen und einem Unternehmen, das von deren zuverlässiger Leistung profitiert. Die Realität sieht allerdings anders aus. Gut zwei Jahrzehnte nach Parkinson formuliert Laurence J. Peter seine These, dass Mitarbeiter:innen in Hierarchien regelmäßig auf Ebenen enden, für die sie ungeeignet sind – das „Peter-Prinzip". Hierbei bleiben High Potentials gerne weit unterhalb ihrer Qualifikation hängen, weil sie ihre Stärken in subalternen Positionen nicht ausspielen können und deshalb nicht die für eine Beförderung erforderlichen Erfolgsgeschichten vorweisen können. Wer ohne Reibungsverluste performt, steigt dagegen kontinuierlich auf, bis er oder sie die erste Stufe der Inkompetenz erreicht. Hier bleiben dann die Erfolge aus und die Mitarbeiter:in hat für den Rest der eigenen Laufbahn Zeit, Schaden anzurichten (Peter 2001). Hinzu kommt jenseits des Peter-Prinzips noch ein Mechanismus des Beförderungswesens, bei dem es um die Vermeidung von Konkurrenz geht. Je näher eine Mitarbeiter:in ihrer Leistungsgrenze kommt, umso stärker wird ihre Neigung, potenzielle Rival:innen beim Aufstieg von ihrem Revier fernzuhalten. Nach dem klassischen Merksatz „A's hire A's, B's hire C's" sorgen schwache Kandidat:innen bei ihrem Aufstieg dafür, dass keine hellen Köpfe in ihrem Zuständigkeitsgebiet nachwachsen, die sie gegebenenfalls auf der Karriereleiter überholen könnten. Mittelmaß ist also ansteckend und kann sich als graue Wolke über ganze Abteilungen legen. In Kombination mit der gefühlten „Unkündbarkeit", die Mitarbeiter:innen in Deutschland nicht nur in Behörden, sondern auch in großen Konzernen verspüren, entsteht ein aufgeblähter Apparat an Personal und Kapazitäten, die nicht sinnvoll und effizient genutzt werden können.

Ein dritter Punkt ist weniger systemisch bedingt, deshalb aber nicht weniger wichtig. Je ausdifferenzierter eine Hierarchie ist, umso enger umreißt sie die Rollen aller Beteiligten. Vor allem an der Basis der Pyramide werden Mitarbeiter:innen auf Rädchen im Getriebe reduziert, die besser nicht durch eigene Ideen auffallen. Selbst ganz oben können sich die Zwänge der Organisation bemerkbar machen, denn ein:e Chef:in, die/der den Dienstweg der Berichtskaskade umgeht und sich einfach an der Basis informiert, ist in vielen Unternehmenskulturen ebenso unerwünscht. Eine hierarchische Organisation hat also die fatale Eigenschaft, Kreativität zu unterdrücken und jedes Empowerment außerhalb der Stellenbeschreibung zu unterbinden. Eine gemeinsame Studie der Personalberatung Kienbaum und der Jobbörse StepStone von 2016 hat diese Mechanismen detailliert untersucht (Bohnenkamp et al. 2017).

Ein Nebenprodukt der Studie sind halbwegs aktuelle Zahlen zur Organisationslandschaft in deutschen Unternehmen, die belegen, wie traditionell hierzulande noch gedacht wird. Mit 51 % dominiert hier immer noch eine klassische, nach Funktionen strukturierte Einlinienhierarchie, ergänzt von 8 % mit einer ebenso linearen

Divisionalhierarchie. Hinzu kommen 29 % Matrixorganisationen, bei denen die Hierarchie noch komplexer als im Mehrlinienmodell strukturiert ist. Unter dem Strich bestimmt die Hierarchie also in 88 % der Unternehmen den Alltag. 74 % der Fachkräfte und 68 % der Führungskräfte empfinden die Hierarchie dabei in der Befragung als stark oder eher stark ausgeprägt. Dies hat erheblichen Einfluss auf die Mitarbeiter:innen-Zufriedenheit und Innovationsfähigkeit der Unternehmen. Die Mitarbeiter:innen-Zufriedenheit beispielsweise ist in Matrixsystemen, bei denen mehrere Vorgesetzte mit ihren Vorgaben die individuellen Handlungsfreiräume einschränken, besonders niedrig. Schon in einem klassischen Einliniensystem steigt die Zufriedenheit und am glücklichsten sind Mitarbeiter:innen, wenn sie nur der Geschäftsführung unterstehen. Ähnlich deutlich ist der Zusammenhang zwischen Organisationskultur und Innovationskraft. 57,7 % der Befragten in Unternehmen mit flachen Hierarchien halten ihr Unternehmen für innovativ. Schon in Unternehmen mit Einlinienstruktur sind es mit 46,4 % nicht mehr die Mehrheit der Befragten und in Matrixsystemen sinkt der Anteil noch weiter auf 42,7 %. Dies wird besonders durch die Tatsache problematisch, dass Innovationsleistung und Unternehmenserfolg in der Wahrnehmung der Befragten eng miteinander verknüpft sind. Die mehrheitlich geäußerte Meinung, das eigene Unternehmen würde durch eine Organisationsreform innovationsstärker werden, läuft also letztlich auf das Fazit hinaus, dass die meisten Unternehmen bei ihrer Leistungsfähigkeit Chancen verschenken.

Gute Beispiele für dieses Dilemma finanz- und organisationsstarker, aber innovationsschwacher Hierarchien finden sich in der Pharmaindustrie. Hier wird zwar weiterhin eigenständig geforscht; um die Pipeline mit den Blockbustern der Zukunft zu füllen, reicht die eigene Innovationskraft aber nicht aus. Einzelne Unternehmen wie Novartis packen dieses Problem bei der Wurzel und stellen ihre Organisationsstruktur radikal infrage. Der üblichere Weg ist allerdings eine Hilfskonstruktion, bei der die deutlich innovativere Start-up-Szene des Pharmamarktes systematisch beobachtet wird. Losgelöst von den Fesseln einer Konzernbürokratie kann dort eine Vielzahl radikal neuer Ansätze erprobt und bis an den Anfang der klinischen Erprobung geführt werden. Was dann das Potenzial zum Blockbuster verspricht, wird aufgekauft oder zumindest als Joint Venture an einen finanzkräftigen Pharmamulti gebunden, der dann das gleichermaßen kostspielige wie bürokratische Zulassungsverfahren schultert. BioNTech hat gezeigt, wie ein eigentlich auf innovative Krebstherapien spezialisiertes Start-up sein mRNA-Konzept blitzschnell für Corona-Vakzine modifiziert, dann aber einen Riesen wie Pfizer braucht, um den Impfstoff über die Zulassungshürde zu wuchten und in den benötigten Millionenmengen verfügbar zu machen. Eine klassische Win-Win-Situation und ein Modell mit Zukunft. Riesige Konzerne, die auf lange gewachsenen Hierarchien beruhen, sind also weiterhin allgegenwärtig und haben auch weiterhin ihre unbestrittenen Stärken. Als alleinseligmachender Standard für die Zukunft taugen sie aber ganz offensichtlich nicht mehr.

Hierarchie vs. Demokratie

Hierarchien gehören schon immer zum menschlichen Zusammenleben. Fast folgerichtig haben sich Hierarchien über die letzten Jahrhunderte auch zum Wirtschaftsstandard in Unternehmen entwickelt. Aber die Hierarchie in der Unternehmenswelt bringt zwei systemische Nachteile mit sich:

1. Mit der Zeit und mit dem Wachstum eines Unternehmens wachsen auch die Hierarchieebenen fast automatisch mit. Damit steigt der Aufwand der Hierarchie, sich selbst zu verwalten. Dies wurde von Cyril Northcote Parkinson schon in den 1950er-Jahren als „Naturgesetz" bezeichnet.
2. Die Beförderungsmechanismen innerhalb der Pyramidenstrukturen von Hierarchien führen häufig dazu, dass Mitarbeiter:innen, die lange im Unternehmen sind und in ihrem Bereich gute Arbeit leisten, auf Positionen befördert werden, für die sie eigentlich ungeeignet sind. Auch bekannt als das „Peter-Prinzip".

Daher wird eine Gegenbewegung zur Hierarchie immer deutlicher. Auch diese Gegenbewegung fing vor Jahrhunderten im gesellschaftlich-politischem Kontext an, entwickelt sich aber mehr und mehr zur Führungs- und Organisationsform für Unternehmen: Die Demokratie. Fördern soll sie vor allem das Empowerment aller Mitarbeiter:innen und somit für größere Dynamik und Kreativität sorgen.

Literatur

Areopagita D (1911) https://archive.org/details/dionysiusareopa00dion/page/n5/mode/2up?view=theater. Zugegriffen: 23. Jan. 2022

Bohnenkamp J, Jochmann W, Stein F (2017) Organigramm deutscher Unternehmen. Wie Führungskräfte die neue Arbeitswelt erfolgreich gestalten können. Kienbaum/StepStone, Köln

Magna Charta (1215) http://www.verfassungen.eu/gb/gb1215.htm. Zugegriffen: 23. Jan. 2022

Parkinson CN (1957) Parkinson's law: or the pursuit of progress. John Murray, London

Parkinson CN (1999) Parkinsons Gesetz und andere Studien über die Verwaltung. Econ, München

Peter LJ (2001) Das Peter-Prinzip oder die Hierarchie der Unfähigen. Rowohlt, Reinbek bei Hamburg

Schiller, F (1799) Das Lied von der Glocke

Welwei K (1998) Die griechische Polis. Verfassung und Gesellschaft in archaischer und klassischer Zeit. Franz Steiner Verlag, Stuttgart

3

Schlankheitskuren aus Asien

Zusammenfassung In Zeiten, in denen es einem Unternehmen „gut" geht, mag die eine oder andere – eigentlich nur dekorative – Abstimmungsschleife kein Problem sein. Doch bei erhöhtem Wettbewerbsdruck und Globalisierung, kann organisatorische Sorglosigkeit schnell zum Stolperstein werden. Das gilt auch in Zeiten begrenzter Mittel und Rohstoffe. Daher begann die Evolution der Unternehmensorganisation in der Nachkriegszeit in Asien. In ihrem Mittelpunkt steht ein Schlagwort: Effizienz. Von der Kärtchenrevolution „Kanban" für die Produktion, über „Kaizen", das systemische Verbessern in kleinen Schritten, bis hin zu KVP und RACI. RACI ist auch heute noch ein Standard-Modell zur Entwirrung von Verantwortlichkeiten in bestimmten Arbeitsprozessen. Dieses wird zum Beispiel eingesetzt, wenn es darum geht, Unternehmen „leaner" zu machen. Im Lean-Management geht es im Kern um die Ausdünnung unnötiger Hierarchie- und Personalstrukturen zugunsten größerer Effizienz. Dieses Kapitel gibt einen Überblick über die verschiedenen „Schlankheitskuren" der letzten Jahrzehnte.

Kolossale Stufenpyramiden und starre Prozesssysteme erleben ihre Blütezeit in Schönwetterphasen. Wenn die Wirtschaft brummt, gehen

A. Güttler und T. Bruse, *Beyond Agile,* https://doi.org/10.1007/978-3-662-65034-9_3

eine zusätzliche – ebenso lästige wie nutzlose – Abstimmungsschleife oder eine weitere – eigentlich nur dekorative – Führungsebene spurlos im Ergebniswachstum unter. Besonders stark ist die organisatorische Sorglosigkeit bei industriellen Schwergewichten, seien es Giganten oligopolgeprägter Branchen wie der Automobil- und Pharmaindustrie oder mittelständische Hidden Champions mit unverzichtbarem Spezialist-innenwissen. Wenn die Zahlen allerdings Richtung Süden abbiegen und der Kunde nicht mehr bereit ist, demütig auf Zuteilung zu warten, steigt die Bereitschaft, Altvertrautes auf den Prüfstand zu stellen. Revolutionäres Umdenken ist allerdings selbst unter finsteren Sturmwolken eher die Ausnahme, meist geht es schlicht darum, Wildwuchs zurückzuschneiden und vorhandene Strukturen zu optimieren. Ergebnis dieser Verbesserungsbemühungen ist eine Fülle von Managementkonzepten, die sich oft nur in Detail oder Terminologie unterscheiden und Generationen von Ratgeberautoren in Amt und Brot halten.

3.1 Kanban – Die Kärtchenrevolution

So groß die Vielfalt der Optimierungskonzepte für die Tücken hierarchischer Organisationen ist und wie aktuell sie sich auch geben mögen – ihre Wurzel liegt durchgängig im Japan der Nachkriegszeit. Dort existiert ein Unternehmen, das vor der nuklearen Niederlage Militärlastwagen für die Armee des Tenno fabriziert hat und sich jetzt anschickt, wieder Automobile für den zivilen Markt zu produzieren. Geleitet wird das Unternehmen in zweiter Generation von Kiichirō Toyoda, der für seine Sparsamkeit bekannt ist und deshalb bereits beim Firmennamen zwei Striche einspart. Aus Toyoda wird dabei in Katakana-Schreibweise Toyota und so kennt man die Firma bis heute. Wichtiger als die Veränderungen beim Namen sind allerdings die Veränderungen bei der Prozesslandschaft, die aus Toyota eines der größten Automobilunternehmen weltweit machen und mit fast einem halben Jahrhundert Verzögerung die gesamte Industrielandschaft umkrempeln werden.

Die Situation in Nachkriegsjapan ist verheerend. Rohstoffe sind rar und kaufkräftige Kund:innen noch rarer, es gibt also nur die Optionen, mit immer kleineren Brötchen dem Untergang entgegenzubacken oder einen kreativen Weg vorwärts zu finden. Mit Taiichi Ōno hat Toyota einen Mann an Bord, der zu Letzterem in der Lage ist. Durch die Entwicklung des Kanban-Konzepts stellt Ōno bereits 1947 die komplette Produktionslogik im Automobilbau auf den Kopf. Im klassischen, hierarchiegetriebenen Modell wurde traditionell der zukünftige Absatz prognostiziert – was ähnlich erfolgversprechend ist wie die Vorhersage der Lottozahlen – und dann der gesamte Materialbedarf auf Basis dieser Prognose berechnet. Das Ergebnis ist eine gewaltige, kapitalbindende Lagerhaltung auf allen Stationen der Wertschöpfungskette. Selbst wenn sich die Zwischenlager während der Produktion wie geplant leeren, steht am Ende eine Halde von Automobilvarianten, die sich mit großer Sicherheit nicht planungsgemäß abverkauft. Beim Versuch, Produkte in den Markt zu pushen, bleiben unglückliche Kaufinteressent:innen zurück, deren über das Kontingent herausgehende Wünsche nicht bedient werden können. Ebenso unglücklich ist der Hersteller, wenn er am tatsächlichen Bedarf vorbeiproduzierte Ladenhüter verramschen muss. Kanban packt dies Problem bei der Wurzel und stellt vom Push auf Pull um – Treiber der Produktion ist nicht mehr die Planung der Zentrale, sondern die Nachfrage des Kunden.

So revolutionär der Gedanke ist, so bodenständig handgreiflich ist seine Umsetzung. Das Ganze findet schließlich Ende der 40er Jahre statt und damit zu einer Zeit, als es auf der ganzen Welt nur eine Handvoll Computer im Experimentierstadium gibt. Kanban ist daher ursprünglich ein System von Kisten und Karten, bei dem die Signalkarte – auf Japanisch kanban – dem Ganzen seinen Namen gibt. Die gesamte Lagerhaltung der Wertschöpfungskette wird auf die minimal benötigte Puffermenge jeder Fertigungsstufe reduziert. Dort wird wie im Supermarkt unbekümmert aus dem Regal entnommen und die Lagerkisten rücken vor, bis eine Karte erreicht wird, die anzeigt, dass jetzt nachbestellt werden muss. Alternativ kann auch eine leere Kiste als Steuersignal eingesetzt werden. Die Restmenge reicht dann gerade noch bis zu dem Zeitpunkt, an dem neue Teile eintreffen. Die schwerfällige Maschinerie einer zentralen Push-Planung wird im Kanban-System also durch viele selbstregelnde Pull-Systeme ersetzt, welche letztlich die gesamte Wertschöpfungskette herab flexibel auf die Nachfrage des Kunden reagieren.

Damit Kanban funktioniert, müssen die Zulieferer mitspielen und Lücken in den Lagerregalen zuverlässig wieder füllen. Just in Time (JIT) ist also letztlich kein eigenständiges Konzept, sondern die logische Fortschreibung von Kanban. Das Prinzip minimaler Lagerhaltung und selbstregelnder, nachfragegetriebener Steuerzyklen wird dabei auf das gesamte Ökosystem eines Unternehmens ausgedehnt. Zusätzlich wird ein Teil der Lagerhaltung auf die Straße verlegt, denn alles, was zeitnah für die Fertigung benötigt wird, muss zwangsläufig schon auf dem Weg sein. Der nächste Annäherungsschritt im automobilen Ökosystem ist dann Supply in Line Sequence (SIL), bei dem der Zulieferer nicht einfach nur Teile in den Pufferspeicher schiebt, sondern individuell konfigurierte Komponenten exakt zum richtigen Zeitpunkt zum entsprechenden Einzelfahrzeug auf der Montagestraße liefert. Eine Kundin, die sich in Regensburg auf der Zubehörliste ihres Autohändlers austobt, löst über SIL also nicht nur einen Auftrag beim Automobilunternehmen in Stuttgart aus, sondern einen Schritt tiefer in der Wertschöpfungskette einen Auftrag beim Zulieferer in Lüdenscheid, der dafür sorgt, dass ein Bedienelement im Dachhimmel wunschgemäß in Wurzelholzdesign mit LED-Umrandung, aber ohne Schiebedachschalter und Bluetooth-Anbindung vorgefertigt wird.

Bei aller Flexibilität, Selbststeuerung und Individualisierung sollte aber nicht der Eindruck aufkommen, dass Kanban eine Abkehr von hierarchischen Aufbauorganisationen und minutiös geplanten Prozessketten ist. Ganz im Gegenteil muss erst durch detaillierte Produktionsplanung eine Grundlage geschaffen werden, auf der Kanban dann aufsetzt. Dazu gehört es, eine streng getaktete Fließfertigung aufzubauen, bei der Zeitbedarf, Materialbedarf sowie die daraus resultierenden Puffergrößen exakt festgelegt sind und die Planungsvorgaben zuverlässig eingehalten werden. Heute wird Kanban längst nicht mehr nur in der Produktion oder der Automobilindustrie eingesetzt. Die Logik des Systems und die Visualisierung (siehe Abb. 3.1) von Aufgaben findet sich heute in zahlreichen Unternehmen wieder – egal ob Tech-Konzern oder Dienstleister (Leopold 2017).

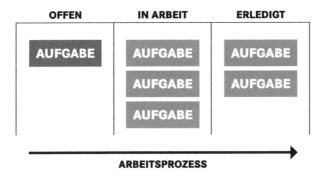

Abb. 3.1 Das Kanban-Prinzip. (© komm.passion 2022. All Rights Reserved)

3.2 Kaizen – Nach oben ist immer Luft

Was bei Toyota als Kanban entwickelt wird, ist ausschließlich ein System zur Optimierung der Produktionssteuerung. Parallel entsteht – ebenfalls bei Toyota – ein umfassenderes Konzept, das sich die Optimierung der gesamten Unternehmensorganisation auf die Fahnen geschrieben hat. Sein Name ist Kaizen, was sich mit „Veränderung zum Besseren" übersetzen lässt. Der Ursprung des Systems ist erneut die wirtschaftliche Misere der Nachkriegszeit, in der jeder Vorschlag zur Effizienzerhöhung willkommen ist. Hinzu kommt eine ethische Komponente, die zutiefst in der japanischen Unternehmenskultur verankert ist. Unbekümmertes hiring and firing nach amerikanischem Vorbild oder gar eine Kultur des fast failing, wie sie das Silicon Valley vorlebt, sind in Japan undenkbar. Noch tiefer als in Deutschland sind in Japan die Ideale der Lebensstellung und der persönlichen Verantwortung verankert. Wer nicht durch koreanische Vorfahren, Zuzug von der Westküste oder die falsche Hautfarbe disqualifiziert ist, hat quasi Beamtenstatus und kann entsprechend begeistert die Firmenhymne mitsingen. Toyota muss seinen Turnaround also alleine durch die Potenzialentwicklung der Stammbelegschaft erreichen und diese Belegschaft ist dabei mit einer hohen Bereitschaft zu Arbeitseinsatz, Selbstkritik und Veränderung an Bord.

Kaizen setzt auf eine kontinuierliche Optimierung aller Prozesse in kleinen Schritten. Prämisse ist, dass sich ein gutes Geschäftsmodell auf nahezu unbegrenzte Zeit wettbewerbsfähig halten lässt, wenn man sich der Mühe unterzieht, täglich an seiner Verbesserung zu arbeiten. In gewisser Weise ist Kaizen damit ein Gegenmodell zur Disruption, die in großen Abständen eintretende Revolutionen beschreibt, bei der alte Geschäftsmodelle untergehen und durch grundlegend neue ersetzt werden (Rother 2013).

Typisch japanisch ist dabei zunächst der hohe Stellenwert von Ordnung und Sparsamkeit. Zuallererst gilt es, Ordnung *(sei)* zu schaffen und Verschwendung *(muda)* zu vermeiden, wobei sich beide Kategorien noch vielfach auffächern lassen, bis alles blitzt und jedes Schräubchen an seinem Platz liegt. Danach müssen Abweichungen *(mura)* beseitigt werden, denn wie ein japanisches Sprichwort besagt, muss jeder Nagel, der vorsteht, eingeschlagen werden. Schließlich soll dann auch noch Überlastung *(muri)* vermieden werden – das allerdings ist im Heimatland des Überstundentodes eher eine theoretische Forderung.

Jenseits der Sekundärtugenden wird im Kaizen-Modell aber auch grundlegend umgedacht. Fast zwangsläufig ist dabei eine stärkere Fokussierung auf den Einzelprozess. Wer inkrementelle Fortschritte will, muss genau hinschauen und kann Erfolg nicht nur global an der Ergebnisentwicklung ablesen. Daraus leitet sich auch die Notwendigkeit ab, wesentlich mehr Faktoren objektiv zu messen, denn nur was sich als Ergebnis eines Prozesses messen lässt, kann auch erfolgreich gemanagt werden. Besonders deutlich wird das beim Thema Qualität, die auf allen Stufen der Wertschöpfungskette gemessen und nach dem Kriterium der Zufriedenheit interner und externer Kund:innen bewertet wird.

Ein zweites grundlegendes Umdenken findet bei der Kommunikation statt. In Hierarchien ist die Befehlskette von oben nach unten deutlich funktionsfähiger als der umgekehrte Weg von der Basis zur Chefetage. Sieh man vom notorisch schwächelnden System des betrieblichen Vorschlagswesens einmal ab, haben es kluge Ideen aus der Praxis schwer, gegen die Strömung etablierter Unternehmensstrategien anzuschwimmen. Kaizen setzt hier auf ein konsequentes Empowerment der Mitarbeiter:innen, das auf allen Ebenen konstruktive Kritik einfordert und durch regelmäßige Meetings auch implementiert wird.

Beides zusammengenommen – systematische Analyse aller Prozesse und das ebenso systematische Einsammeln praxisnaher Optimierungsvorschläge – führt zum charakteristischen PDCA-Verbesserungszyklus von Kaizen (siehe Abb. 3.2). Zeigen sich Mängel im Prozess, was typischerweise durch mangelnde Qualität an der Schnittstelle zwischen zwei Prozessen aufgedeckt wird, oder wird ein Vorschlag zur Effizienzsteigerung eingebracht, stößt dies die Planung (**P**lan) einer Optimierung an. Dieser Plan wird dann im kleinen Maßstab erprobt (**D**o) und auf seine Wirksamkeit hin überprüft (Check). Bewährt sich der Optimierungsvorschlag, wird er als neuer Prozessstandard im großen Maßstab ausgerollt (**A**ct) und so lange beibehalten, bis er bei nächsten Umdrehung der PDCA-Spirale durch ein noch besseres Konzept abgelöst wird. Zur Ehrenrettung des Westens sei hier noch angemerkt, dass der PDCA-Zyklus zwar bei Toyota seinen Durchbruch hat, letztlich aber auf den Amerikaner William E. Deming zurückgeht, den General Douglas MacArthur als Qualitätsexperten ins besiegte Japan holt (Deming 1950).

Abb. 3.2 PDCA-Verbesserungszyklus von Kaizen. (© komm.passion 2022. All Rights Reserved)

3.3   Vom Osten lernen heißt siegen lernen

Kanban und Kaizen sind zunächst eine rein japanische Angelegenheit. Toyota macht vor, wie sich ein Unternehmen durch den Einsatz neuer Organisationsmodelle vom Insolvenzkandidaten zum globalen Schwergewicht entwickeln kann und andere japanische Unternehmen ahmen es erfolgreich nach. Völlig geräuschlos übernimmt Japan von den Fünfzigern bis in die achtziger Jahre des letzten Jahrhunderts die Führungsrolle in zahlreichen Industriezweigen. Vom Automobilbau über die Unterhaltungselektronik bis zur Fotografie beginnen japanische Produkte, die altbackenen und teuren Markenartikel der Erbhof-Inhaber im Westen zu verdrängen. Klugerweise legt Japan erst dann seine Karten auf den Tisch. 1978, sprich mit mehr als einem Vierteljahrhundert Verzögerung, stellt Taiichi Ōno das Toyota-Produktionssystem in einem Buch vor und es dauert noch einmal zehn Jahre, bis dies Buch ins Englische übersetzt wird (Ōno 1993). Kurz davor ist bereits ein Buch von Masaaki Imai erschienen, in dem er das von ihm entwickelte Kaizen als Erfolgsfaktor der japanischen Wirtschaft darstellt (Imai 1996). Nachdem der Westen jahrzehntelang über Nachahmerprodukte aus Japan gelacht hat, ist es jetzt an der Zeit, vom Osten zu lernen. 1991 veröffentlicht James P Womack, Forschungsdirektor des International Motor Vehicle Program am Massachusetts Institute of Technology (MIT) gemeinsam mit Daniel T. Jones das Buch „The Machine that changed the World", in dem er den Siegeszug des japanischen Automobilbaus auf seine Erfolgsfaktoren abklopft. Das Buch wird zum Standardwerk und stößt nun auch im Westen eine Welle von Organisationsreformen an.

3.4   RACI – Wer hat eigentlich welche Rolle?

Wenn der Blick in den fernen Osten offenlegt, wie viel Wildwuchs es in den eigenen Hierarchien gibt, sollte es fast selbstverständlich sein, jede Position auf ihre Aufgaben und ihren Nutzen abzuklopfen. Tatsächlich brauchte es aber die Erfindung der Responsibility Assignment-Matrix, um diese Aufgabe tatsächlich anzugehen. Die elementarste Form heißt RACI und weist in einer Aufgaben-/Mitarbeiter:innen-Matrix jeder relevanten Person eine von vier Rollen zu (Smith und Erwin 2005). R steht dabei für **R**esponsible, der oder die Betreffende ist also für die operative Durchführung verantwortlich. A steht für **A**ccountable und ordnet die rechtliche sowie kaufmännische Verantwortung für die Aufgabe zu. C steht für **C**onsulted und beschreibt Personen, die bei der Aufgabe gehört werden müssen. I steht für **I**nformed, die betreffenden Personen sind also nicht in die Bearbeitung der Aufgabe eingebunden und müssen nur auf dem Laufenden gehalten werden (siehe Abb. 3.3).

RACI sorgt zunächst einmal im konkreten Projekt für Klarheit. Jede:r weiß, was er:sie zu tun und wen er:sie zu informieren hat. Mindestens so wichtig ist es, dass Kompetenzgrenzen verdeutlicht werden und jede:r, der:die in fremden Vorgärten wildert, ohne große Diskussionen zurückgepfiffen werden kann. Jenseits der Einzelaufgaben deckt die Gesamtmatrix aber auch auf, wie groß die Komplexität der Hierarchie tatsächlich ist und welche Positionen verblüffend selten ein R oder A erhalten. RACI schafft die Basis für eine evidenzbasierte Bereinigung der Hierarchie und ist damit ein wertvolles Instrument, um dem Trend zur ungehemmten Komplexitätserhöhung

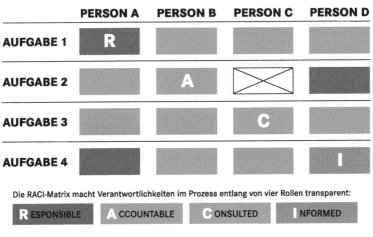

Die RACI-Matrix macht Verantwortlichkeiten im Prozess entlang von vier Rollen transparent:

RESPONSIBLE   **A**CCOUNTABLE   **C**ONSULTED   **I**NFORMED

Abb. 3.3 Die RACI-Matrix. (© komm.passion 2022. All Rights Reserved)

entgegenzuwirken. Vermutlich aus genau diesem Grund sind aber auch zahllose RACI-Varianten entstanden, die den ursprünglichen Buchstaben weitere von O für **O**mitted bis V für **V**erify hinzufügen und dem potenziellen Karrierekiller damit seine Zähne ziehen. Den Vogel bei der Rollenvermehrung schießt wohl IPCARSED ab, bei dem die Basismatrix noch durch **I**nitiation, **P**reparation, **C**heck, **A**pproval, **R**elease, **S**upervision, **E**xecution und **D**istribution ergänzt wird. In dieser Systematik besteht kaum noch Gefahr, dass irgendjemand im Unternehmen durch Nutzlosigkeit auffällt.

3.5 Lean-Management – Schlank ist schön

RACI ist ein nützliches Werkzeug bei der Analyse von Organisationen. Strategischen Tiefgang hat das Konzept aber nicht – dass man niemanden auf der Payroll haben sollte, der keinen Beitrag zur Wertschöpfung erbringt, ist eine Binsenweisheit. Um eingefahrene Unternehmensstrukturen ins Wanken zu bringen, braucht es schwereres Gerät. Genau das liefern Womack und Jones (1992), indem sie ihre Analyse des japanischen Erfolgsmodells auf den Grundmechanismus der Verschlankung zuspitzen. Mit ihrem Schlagwort „Lean" setzen sie einen Begriff in die Welt, der sich ungehemmter verbreitet als Löwenzahn auf einer Rasenfläche. Angewendet wird das neue Label zunächst auf die Lean-Production und ist damit noch vergleichsweise nahe beim Kanban. Mit der Erweiterung auf das Lean-Management breitet sich der Schlankheitstrend auf das gesamte Unternehmen aus und wird dabei unvermeidlich unspezifischer. Kanban und Kaizen werden in Konzepten verschmolzen, die eine Effizienzsteigerung für jede Lebenslage von der Lean-Leadership über die Lean-Supply-Chain bis zum Lean-Laboratory versprechen. Wie bei allen Schlankheitskuren ist es dann auch nicht mehr weit bis zur Magersucht. Vorgelebt hat das der General Electric-Chef „Neutron Jack" Welsh, der seinen Namen dem Vergleich mit einer Neutronenbombe verdankt – bei seiner Managementmethode bleiben zwar die Gebäude stehen, es gibt aber keine Menschen mehr darin.

Nach fast 30 Jahren hat sich der Begriff des Lean so sehr abgenutzt, dass das altvertraute Lösungspaket inzwischen auch wieder unter seinen Ursprungsbegriffen Kanban, Kaizen oder notfalls jedem Namen verkauft wird, der halbwegs japanisch klingt. Kleinster gemeinsamer Nenner aller Varianten bleibt aber ein Regelzyklus, in dem die Ursprünge in Kanban und Kaizen noch sichtbar sind. Startpunkt ist dabei ein Schritt, der den Zielpunkt der Wertschöpfungskette aus Kundensicht definiert. **Identify Value** bedeutet die Ermittlung aller Eigenschaften, die ein Produkt oder eine Dienstleistung erstrebenswert machen, sprich die zielgruppengerechte Schnittmenge aus Performance, Qualität und Preis. Auf dieser Basis kann dann im zweiten Schritt der Wertstrom unter die Lupe genommen werden. **Map The Value Stream** identifiziert und analysiert alle Stufen der Wertschöpfungskette, um den effizientesten Weg zum Endprodukt zu finden. Hier ist noch deutlich das Sparsamkeitsprinzip des Kaizen erkennbar. Was im Prozess keinen Mehrwert erzeugt, fällt der Schlankheitskur zum Opfer. Im dritten Schritt wird die Wertschöpfungskette als linearer Workflow organisiert. Mit **Create Flow** werden Schnittstellen optimiert und die Voraussetzungen für die folgende Phase geschaffen. Dieser vierte Schritt ist die konsequente Umsetzung des Pull-Prinzips und damit ein Arbeiten nach dem Kanban-Modell. **Establish Pull** minimiert die Lagerhaltung und stellt sicher, dass der Kunde seinen Wunsch verzögerungsfrei erfüllt bekommt. Aus dem PDCA-Schema des Kaizen wird also eine neue vierschrittige Aktionsfolge, die mit einem fünften Element – **Continuous Improvement** – zum Spiralprozess geschlossen wird.

3.6   KVP – Qualität statt Sparsamkeit

Prinzipiell können im Lean-Konzept alle Bereiche abgedeckt werden, die in Kanban und Kaizen angelegt sind. Faktisch liegt der Schwerpunkt aber – wie der Name schon andeutet – vor allem auf der Ausdünnung der Personalstruktur und dem Aufbau einer möglichst effizienten Fließfertigung nach dem Pull-Prinzip. Unter dem Strich ist Lean also klar Kanban-lastig, vom Kaizen werden nur die Sparsamkeit und das Konzept einer zyklischen Optimierung der Produktion übernommen. Das Empowerment der Mitarbeiter:innen und die systematische Steigerung der Qualität als Kernelemente von Kaizen kommen in aller Regel zu kurz. Das schafft in der westlichen Managementkultur eine Lücke, in der parallel zu den Lean-Modellen unterschiedlichste Ansätze für kontinuierliche Verbesserungsprozesse (KVP) und das Qualitätsmanagement nach Kaizen-Manier florieren (Witt und Witt 2015). Treiber für die Einführung eines KVP ist dabei insbesondere die Notwendigkeit, das Qualitätsmanagement von Unternehmen nach der allgemeinen Norm DIN EN ISO 9001 oder darüber hinaus nach ergänzenden branchenspezifischen Normen wie der ISO 13485 für Medizinprodukte oder der IATF 16949 für die Automobilindustrie zertifizieren zu lassen. Ohne eine solche Zertifizierung ist es kaum noch möglich, Zulieferer großer Unternehmen zu werden oder Aufträge der öffentlichen Hand zu erhalten. Voraussetzung aller dieser Zertifizierungen ist der Nachweis, dass im Unternehmen ein KVP-System installiert wurde, welches die Qualität von Prozessen und Produkten kontinuierlich steigert, dass ein systematisches Wissensmanagement betrieben wird und dass die Prozessdefinition risikoorientiert erfolgt.

Häufig wird für KVP-Konzepte unmittelbar auf den PDCA-Verbesserungszyklus und die Qualitätszirkel von Kaizen zurückgegriffen. Einen komplexeren Weg geht Six Sigma, das sich bewusst als Ergänzung zum Lean-Modell versteht und gerne auch kombiniert als Lean Six Sigma implementiert wird. Seinen Namen hat Six Sigma von einer Qualitätsvorgabe. Die Toleranzgrenzen eines Prozesses sollen sechs Standardabweichungen vom Mittelwert entfernt sein, was einer Fehlerrate von 3,4 Fehlern pro Million Möglichkeiten entspricht. Für die Zertifizierung eines Prozesses in der Medizintechnik wäre das zwar immer noch deutlich zu hoch, im normalen Leben ist es aber ein anspruchsvolles Ziel. Um die angestrebte Qualität zu erreichen, setzt Six Sigma auf einen eigenen DMAIC-Kreisprozess mit sechs Phasen. In der ersten Phase **D**efine wird der zu optimierende Prozess detailliert analysiert und auf sein Verbesserungspotenzial abgeklopft. Im Zentrum stehen dabei Kundenanforderungen, die bisher nur unzureichend erfüllt werden. Anschließend werden identifizierte Probleme in der Phase **M**easure quantifiziert und ihre Prozessfähigkeit bestimmt. In der folgenden Phase **A**nalyze werden die Ursachen der Probleme ermittelt, um dann in der Phase **I**mprove eine Problemlösung zu entwickeln. Mit der Phase **C**ontrol, in der die Zielerreichung überwacht und gegebenenfalls ein neuer Optimierungszyklus angestoßen wird, schließt sich der Kreis. Charakteristisch für Six Sigma ist die formale Ausbildung der beteiligten Mitarbeiter:innen und externen Berater:innen, die nach den Gürtelfarben der japanischen Kampfsportarten gestaffelt ist. Green Belts sind beispielsweise noch als Manager:innen im Tagesgeschäft aktiv, Black Belts arbeiten nur noch als Six-Sigma-Expert:innen (Melzer 2019).

Effizienz als oberste Maxime

Viele große Unternehmen – so könnte man bei einem Blick auf ihre hierarchischen Pyramidensysteme meinen – sind mehr mit der Verwaltung ihrer eigenen Organisation beschäftigt, als mit ihrem eigentlichen Geschäftsmodell. Verschiedene Modelle und Ansätze, die ihren Ursprung hauptsächlich in Asien haben, sollen dabei helfen, die komplexen Organisationsstrukturen zu verschlanken. Das Ziel: Mehr Effizienz. Die Veränderung: Immer im Rahmen der bestehenden hierarchischen Strukturen. Die folgenden Ansätze sollte man im Zuge dessen kennen:

- **Kanban:** Eine Methode zur Steuerung von Produktionsprozessen. Der Gedanke: Orientierung am realen Produktionsprozess- und Materialverbrauch, um Lagerbestände zu reduzieren. Die Methode dient auch heute noch häufig zur Visualisierung von Arbeitsprozessen – vor allem im Projektmanagement oder in Dienstleistungsbereichen.
- **Kaizen:** Ein System zur kontinuierlichen Verbesserung in kleinen Schritten – immer und überall im Unternehmen. Der Fokus liegt auf der Verbesserung von Einzelprozessen, die dann zu mehr Effizienz auf globaler Unternehmensebene führen. Charakteristisch ist das PDCA-Verfahren: **P**lan einer Optimierung, Test im kleinen Maßstab (**D**o), **C**heck der Wirksamkeit und ausrollen bei Erfolg (**A**ct).
- **RACI:** Eine Methode zur Analyse von Verantwortlichkeiten in Arbeitsprozessen. In der „RACI-Matrix" wird festgehalten, wer bei bestimmten Aufgaben für die operative Umsetzung verantwortlich ist (**R**esponsible), wer die rechtliche und kaufmännische Verantwortung hat (**A**ccountable), wessen Meinung eingeholt werden sollte (**C**onsulted) und wer „nur" informiert werden muss (**I**nformed).

Literatur

Deming WE (1950) Forschungen an der Japanese Union of Scientists and Engineers. Tokio

Imai M (1996) Kaizen. Der Schlüssel zum Erfolg der Japaner im Wettbewerb. Ullstein, Berlin

Leopold K (2017) Kanban in der Praxis. Vom Teamfokus zur Wertschöpfung. Hanser, München

Melzer A (2019) Six Sigma – kompakt und praxisnah. Prozessverbesserung effizient und erfolgreich implementieren. Springer Gabler, Wiesbaden

Ōno T (1993) Das Toyota-Produktionssystem. Campus, Frankfurt a. M.

Rother M (2013) Die Kata des Weltmarktführers. Toyotas Erfolgsmethoden. Campus, Frankfurt a. M.

Smith M, Erwin J (2005) Role & Responsibility Charting (RACI)

Witt J, Witt T (2015) Der Kontinuierliche Verbesserungsprozess (KVP). Konzept – System – Maßnahmen. Feldhaus, Hamburg

Womack JP, Jones DT (1992) Die zweite Revolution in der Autoindustrie. Campus, Frankfurt a. M.

4

Die Große Freiheit – Agilität

Zusammenfassung Die Konzepte einer leanen Organisation optimieren hierarchische Strukturen, rütteln aber nicht an ihrem Grundprinzip. Neue Ansätze und Methoden gehen weiter: In demokratischer Tradition steht das Empowerment der Mitarbeiter:innen in diesen ganz oben, es geht um Trial & Error, Flexibilität und Kreativität. Der Trend „agil" wird geboren. Der Kreißsaal der Agilität ist die IT-Branche. Aus ihr erwächst die Methode „Scrum", die Individuen und Interaktionen vor Prozesse setzt und das Reagieren auf Veränderungen höher priorisiert als das Befolgen eines Plans. Design Thinking liefert einen umfangreichen Werkzeugkasten für die kreative Arbeit in interdisziplinären Teams. Soziokratie entwickelt Ansätze für das gesamte Unternehmen, bei denen Führung nur noch eine dienende Funktion hat. Vielleicht am radikalsten ist das Konzept des New Work, das Arbeit vollständig als Instrument zur Sinnfindung des Individuums sieht. Holakratie, Soziokratie S3 sowie Laloux' Modell der Reinvented Organization entwickeln die Soziokratie schließlich weiter. Dieses Kapitel zeigt die agilen Methoden und Systeme, die Basis für die Arbeit der Zukunft sein könnten.

Kanban und Kaizen waren entscheidende Erfolgsfaktoren für die Erfolgsgeschichte der japanischen Nachkriegswirtschaft. Lean Management und der Kontinuierliche Verbesserungsprozess als westliche Adaptionen und Weiterentwicklungen haben massiv dazu beigetragen, dass der Westen seine Wettbewerbsfähigkeit wiedergewonnen hat und mit passablen Chancen in die nächste Runde mit den neuen Herausforderern aus Asien gehen kann. Ergebnis der bei Toyota angestoßenen und vielfach weiterentwickelten Managementmodelle ist ein Satz an Werkzeugen, die unbestritten hilfreich und nicht mehr aus unserer Norm- und Prozesslandschaft wegzudenken sind. Eines aber können und wollen diese Modelle nicht ändern und das ist die starre hierarchische Struktur der Unternehmensführung mitsamt der dazugehörigen, ebenso starren Struktur der Ablauforganisation. Es ist also nicht verwunderlich, dass parallel Gegenmodelle entstehen, welche in demokratischer Tradition das Empowerment der Mitarbeiter:innen betonen, praxisnahes Wissen heben und der Effizienz durchrationalisierter Standardprozesse eine höhere Flexibilität und Kreativität bei der Bewältigung von Innovationsprojekten entgegensetzen.

4.1   Scrum – Kreativität im Gedränge

Kaum später als die Welle der Lean-Modelle setzt eine Gegenbewegung ein, die sich weniger die Effizienz als die Agilität auf die Fahnen geschrieben hat. Fast zum Standard in diesem Bereich ist die Methodik des Scrum geworden. Ihre Wurzeln liegen wieder einmal in Japan – der Begriff wird von den Ökonomieprofessoren Ikujirō Nonaka und Hirotaka Takeuchi geprägt (Nonaka und Takeuchi 2012) – praxisreif gemacht wird das Modell aber in den USA von den Softwareentwicklern Jeff Sutherland und Ken Schwaber (Sutherland und Schwaber 2007). Scrum, wörtlich Gedränge, ist eigentlich ein Begriff aus dem Rugby. Scrum steht für das seltsame Knäuel von 16 Spielern beider Mannschaften, welches gebildet werden muss, wenn der Ball beispielsweise regelwidrig nach vorne geworfen wurde. Der Schiedsrichter wirft den Ball unter die ineinander verschachtelten Spieler, die dann versuchen, die jeweils gegnerische Mannschaft wegzuschieben. Der Ball

wird schließlich auf der Seite der Mannschaft sichtbar, die ihre Drängel-
versuche erfolgreicher koordiniert hat und das Spiel kann mit einem
Angriff dieser Mannschaft weitergehen. Nonaka und Takeuchi fanden
die Dynamik und Kommunikation der Spieler bei dieser Aufgabe so
bemerkenswert, dass sie darauf eine komplett neue Methodik der Team-
arbeit begründeten.

Seinen Durchbruch hat Scrum in der Softwareentwicklung. Hier
ist das Innovationstempo schon in den Neunzigern sehr hoch, die
Arbeit ist stark projektgeprägt und die Mitarbeiter:innen sind jung.
In Abwesenheit der Anzugträger aus der Teppichetage und der
weißbekittelten Oberingenieure aus den Entwicklungsabteilungen kann
endlich das Paradox der Projektplanung offen thematisiert werden –
wie soll ein Prozess im Vorhinein durchgeplant und budgetiert werden,
der qua Definition als Projektprozess durch unbekanntes Gelände
führt. Das Resultat der Überlegungen ist ein Konzept, das radikal mit
ehernen Grundsätzen des Managements bricht. Im Manifest für Agile
Softwareentwicklung werden vier kopernikanische Wenden festgehalten
(Beck et al. 2001). Die Unterzeichner, zu denen auch Sutherland und
Schwaber gehören, halten

- Individuen und Interaktionen für wichtiger als Prozesse und Werkzeuge.
- funktionierende   Produkte   für   wichtiger   als   umfassende
  Dokumentation.
- Zusammenarbeit mit dem Kunden für wichtiger als Vertragsver-
  handlung.
- und das Reagieren auf Veränderung für wichtiger als das Befolgen
  eines Plans (Beck et al. 2001).

In der Praxis von Scrum tritt an die Stelle der Hierarchie ein
interdisziplinär besetztes Team und an die Stelle der prognostizierenden
Planung eine retrospektive Dokumentation, die den Lernprozess des
Projekts festhält. Der Projektfortschritt wird dabei in inkrementelle
Schritte aufgeteilt, deren Bearbeitung softwaretypisch iterativ erfolgt.
Fehler sind also eingeplant und es geht erst weiter, wenn sie in einer
Lernschleife so weit ausgebügelt sind, dass der Kunde glücklich ist.

Mehr noch – Fehler und Planänderungen in letzter Minute werden immer als Chance begriffen, innovative Lösungen zu finden, mit denen man sich vom Wettbewerb absetzen kann. Gleiches gilt für die Planung selbst, die inkrementell fortschreitet und dabei ständig an die gemachten Erfahrungen angepasst wird. Letztlich ist die Planung also erst mit Beendigung des Projekts abgeschlossen und steht dann als Startpunkt vergleichbarer Projekte zur Verfügung (siehe Abb. 4.1).

Wo so viele Mauern eingerissen werden, muss es neue Leitlinien geben, damit aus dem Gedränge kein Chaos wird. Dem Verlust an Struktur bei Hierarchie und prognostischer Planung stellt Scrum daher ein rigides Gerüst für die Kommunikation und Dokumentation im Team gegenüber.

Ausgangspunkt ist dabei eine drastische Reduktion der Funktionen im Projekt. Anstelle einer tiefgestaffelten Hierarchie gibt es bei Scrum nur noch drei Rollen. Die erste dieser drei Rollen ist der **Product Owner.** Er trägt die Verantwortung für das Produkt, seine Eigenschaften und seinen wirtschaftlichen Erfolg. Gleichzeitig ist er auch

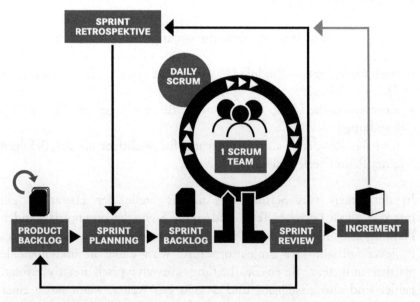

Abb. 4.1 Klassischer Scrum-Prozess. (© komm.passion 2022. All Rights Reserved)

die Schnittstelle zwischen dem Kunden, den Stakeholder:innen im Unternehmen und seinen Zulieferern sowie dem Entwicklungsteam. Aufgrund dieser Kombination muss der Product Owner also sowohl Expertise im Produktbereich als auch kommunikative Kompetenz als Moderator des Entwicklungsprozesses mitbringen. Die zweite Rolle ist die des Teammitglieds. Jedes **Teammitglied** bringt seine spezifischen Kompetenzen ein und trägt so zur interdisziplinären Lösung der anstehenden Aufgaben bei. Das Entwicklungsteam ist bei seiner Arbeit autonom. Es erhält Zielvorgaben, entscheidet aber selbst, wie diese Ziele erreicht werden sollen und wirkt aktiv bei der dynamischen Weiterentwicklung der Ziele mit. Dritte Rolle ist der **Scrum Master.** Er unterstützt den Product Owner und das Entwicklungsteam dabei, das Projekt im Regelwerk von Scrum zu bewältigen. Seine Rolle ist die eines Servant Leader, der nicht inhaltlich in den Prozess eingreift, sondern organisatorische Hindernisse aus dem Weg räumt, seinen Teams den Rücken freihält und seine Erfahrung als Scrum-Profi einbringt.

Aus der Erfahrung, dass Projekte häufig zu groß sind, um als Ganzes geplant werden zu können sowie der Erkenntnis, dass eine solche Planung wirkliche Innovation eher behindern als fördern würde, leitet Scrum die Aufteilung der Entwicklung in mehrere aufeinanderfolgende Inkremente, sogenannte **Sprints** ab. In diesen Sprints, die üblicherweise ein bis vier Wochen benötigen, wird die eigentliche Arbeit geleistet – aus den in User Storys festgehaltenen Kundenwünschen wird ein (Zwischen-)Produkt, das diese Anforderungen innerhalb eines definierten Qualitätsrahmens erfüllt. Die Vorgehensweise ist dabei stark formalisiert und arbeitet mehrere **Ereignisse** genannte Aktivitäten im Rahmen vorgegebener Zeitfenster ab. Erster Schritt eines Sprints ist die **Sprint-Planung,** in der das Entwicklungsteam die Ziele und Qualitätskriterien für den Sprint festlegt und dann ermittelt, welche Einzelaufgaben für die Erreichung der Ziele bewältigt werden müssen. Zu diesen Festlegungen gehören insbesondere die **Definition of Ready** und die **Definition of Done,** mit denen festgelegt wird, was an Input für den Start des Sprints vorhanden sein muss und welche Kriterien ein Produkt erfüllen muss, um als fertiggestellt zu gelten. Im Sprint selbst werden zu Beginn jedes Tages kurze **Daily Scrums** durchgeführt, in denen die Teammitglieder ihre Erfahrungen austauschen und ihre Planung gegebenenfalls modifizieren. Am Ende des Prints, steht ein **Sprint Review,** in dem den Stakeholder:innen die Funktionalität des Produkts demonstriert wird. Den Übergang zum nächsten Sprint bildet dann die **Sprint-Retrospektive,** in der die Erfahrungen aus dem abgeschlossenen Sprint gesammelt und für den folgenden Sprint zur Verfügung gestellt werden.

Festgehalten werden Ziele, Erfahrungen und Ergebnisse in **Artefakte** genannten, sich dynamisch entwickelnden Dokumenten. Übergreifendes Dokument ist dabei das vom Product Owner geführte **Product Backlog.** Es enthält zunächst nur die grundlegenden Anforderungen an das Produkt. Im Laufe des Projekts werden diese Anforderungen weiterentwickelt, präzisiert und in Arbeitsaufträge für das Entwicklungsteam übersetzt. Das von den Teammitgliedern geführte **Sprint Backlog** enthält demgegenüber nur Einträge für das aktuelle Inkrement. Es wird durch Übernahme der entsprechenden Vorgaben aus dem Product Backlog gestartet und hält dann den aktuellen Entwicklungsstand bis zur Beendigung des Sprints fest (Layton und Morrow 2019).

Mit dem Abschluss des letzten Sprints liegt das endgültige Produkt vor, dessen Eigenschaften die Ausgangsvision erfüllt und darüber hinaus häufig weitere Anforderungen abdeckt, die sich im Laufe des Entwicklungsprozesses ergeben haben. Dem Zuwachs an Innovation und Produktleistung steht dabei im Vergleich mit klassischen Projektplanungen eine höhere Unsicherheit bei der Planung von Zeitaufwand und Budget gegenüber. Scrum sorgt durch die Backlogs zwar für eine hohe Transparenz und Überprüfbarkeit des Prozesses, zusätzlich wird die Abweichung vom Idealverlauf des Projekts meist in Burn-Down-Charts visualisiert. Die hohe Eigendynamik der selbstverantwortlich arbeitenden Entwicklungsteams führt aber zwangsläufig dazu, dass Termine und Kosten mitunter nicht punktgenau eingehalten werden können.

4.2 Design Thinking – Kreativität mit System

Scrum befreit Entwicklungsprojekte aus der Zwangsjacke hierarchisch gesteuerter, minutiös vorgeplanter Prozesse. Es schafft Freiräume für selbststeuernde Teams und sorgt gleichzeitig für definierte Rahmenbedingungen, mit denen eine zielführende Arbeit in diesen Teams sichergestellt werden kann. Dies alles geschieht in der festen Überzeugung, dass ein interdisziplinäres Team fast zwangsläufig innovative Problemlösungen entwickeln wird, wenn man es nur von der Kette lässt. Bei der täglichen Arbeit, also bei all dem, was zwischen den Daily Scrums geschieht, lässt Scrum die Teammitglieder aber allein.

Genau diese Lücke versucht das Design Thinking zu schließen (Brown und Katz 2016). Design Thinking geht dieselben Probleme an wie Scrum, setzt dabei mit Kundenorientierung und iterativen Prozessen auf ähnliche Grundprinzipien und entsteht fast zeitgleich mit Scrum. Anders als Scrum entsteht es aber nicht im Umfeld der Softwareentwicklung, sondern als Ansatz für das Produktdesign und setzt seine Schwerpunkte daher auf Werkzeugen für die systematische Weckung und Steuerung von Kreativität. Namensgeber des Design Thinking ist David Kelley, der dem Ansatz seinen Namen gibt und es in seiner Design- und Innovationsberatung IDEO erfolgreich einsetzt (Kelley und Kelley 2014). Von ihm wird Design Thinking auch am Hasso Plattner Institute of Design in Palo Alto gelehrt. Der Ansatz ist dementsprechend praxis- und wirtschaftsnah, die theoretische Untermauerung und wissenschaftliche Konsistenz eher schwach. Unter dem Strich liefert Design Thinking einen reich bestückten Werkzeugkasten für kreative Prozesse, der seine Existenzberechtigung weniger aus einer fundierten theoretischen Untermauerung als aus seinem nachweislich erfolgreichen Einsatz ableitet.

Innovation findet für Design Thinking in einem Spannungsfeld zwischen dem Menschen mit seinen Wünschen, der technischen Machbarkeit einer Lösung und der Wirtschaftlichkeit des entwickelten Produktes statt. Dieser Lösung nähert man sich in einem systematischen Prozess an, der je nach Definition vier bis sechs Schritte umfasst (siehe Abb. 4.2).

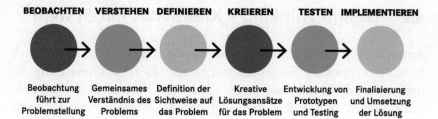

BEOBACHTEN VERSTEHEN DEFINIEREN   KREIEREN   TESTEN IMPLEMENTIEREN

Beobachtung	Gemeinsames	Definition der	Kreative	Entwicklung von	Finalisierung
führt zur	Verständnis des	Sichtweise auf	Lösungsansätze	Prototypen	und Umsetzung
Problemstellung	Problems	das Problem	für das Problem	und Testing	der Lösung

Abb. 4.2 Der Design-Thinking-Prozess. (© komm.passion 2022. All Rights Reserved)

- In der ersten Phase fühlt sich das Team ergebnisoffen in die Aufgabenstellung ein. Diese Phase kann noch in die Unterphasen des Verstehens und des Beobachtens untergliedert werden.
- Nachdem die Aufgabe, vorhandene Ansätze und kontroverse Positionen dazu in ihrer ganzen Komplexität verstanden sind, wird in diesem Spannungsfeld ein eigener Standpunkt definiert.
- Auf dieser Basis können dann Ideen gefunden werden
- und im nächsten Schritt Prototypen dafür entwickelt werden.
- In einigen Modellen folgt nun noch die Phase des Testens, die gegebenenfalls einen neuen Iterationszyklus zur Eliminierung von Schwächen auslöst (Kelley und Kelley 2014).

Weltbewegend ist dieses Modell zunächst nicht, kaum ein Entwicklungsprozess kommt ohne die Phasen von Umfeldanalyse, Anforderungsdefinition, Produktentwicklung und Ergebnisbewertung aus. Seine Bedeutung bekommt das Design Thinking vor allem durch die methodische Gestaltung dieser Phasen, bei der das Durchbrechen erstarrter Denkmuster, der Dialog mit dem Kunden und die Weckung von Kreativität systematisch gefördert werden. Für jede Phase des Design Thinking-Prozesses existieren dabei eine Vielzahl von Werkzeugen und wie bei Scrum gehört einiges davon inzwischen zum Standard der Produktentwicklung.

Sämtliche Werkzeuge für die Phasenfolge des Design Thinking darzustellen würde jeden Rahmen sprengen, zumal viele davon hemmungslos aus anderen Kreativitäts- oder Marketingkontexten ausgeborgt sind. Anstelle eines unendlichen Werkzeugkatalogs macht es vielmehr Sinn, die angebotenen Tools nach ihrer Grundfunktion im Entwicklungsprozess zu ordnen. Hierfür hat sich der **Double Diamond** als Modell etabliert (Clune und Lockrey 2014). Er umfasst zwei Rauten, welche die Prozessphasen des Design Thinking jeweils unter den generellen Aufgabenstellungen des divergenten und konvergenten Denkens systematisieren. Divergenz wird dabei gebraucht, um Räume zu öffnen und ein möglichst großes Spektrum an Ideen zu erreichen, Konvergenz um diese Fülle dann auf das zielführendste Konzept zu verdichten.

Divergenz zu erzeugen ist vor allem in der ersten Phase des Entwicklungsprozesses der entscheidende Faktor. Hier sollen das Problem verstanden und das Umfeld beobachtet werden, ohne dass jede Erkenntnis sofort durch die Abwägung ihrer Folgen erstickt wird. Fast jedes Team startet mit den Scheuklappen der Best Practices von gestern oder des Business as Usual. Hinzu kommt die weitverbreitete Panik beim Anblick eines völlig leeren Papierblatts respektive Bildschirms – selbst in Kreativagenturen sind auf den Tastaturen vor allem die Kombinationen Strg-C und Strg-V abgenutzt. Hier helfen zunächst altvertraute Werkzeuge wie **Brainstorming, Brainwriting, Brainwalking** oder **Mindmapping,** die den allgegenwärtigen Bedenkenträgern das Wort entziehen, das Team auftauen und im Prozess immer wildere Erkenntnisse aus den Köpfen locken (Gerling und Gerling 2018). Noch mehr Vielfalt kann durch **Assoziationsmethoden** provoziert werden, bei denen abstrakte Vorgaben wie Buchstaben oder Farben Kristallisationskerne liefern, an die neue Gedanken anknüpfen. Inhaltlich ist wahrscheinlich der **Perspektivwechsel** das wichtigste Hilfsmittel, wobei hier vor allem aus dem Blickwinkel des Entwicklers in den des Kunden gewechselt wird. Dies hilft, Betriebsblindheit zu durchbrechen und den Entwicklungsprozess auf die für das Design Thinking typische kundenzentrierte Schiene zu bekommen. Dies ist alleine schon als Trockenübung im Teamrahmen erfolgreich und kann eine solidere Basis erhalten, wenn das Mindset des Kunden beispielsweise auf Basis von **Sinus- oder Sigma-Milieus** konkreter umrissen wird. Noch hilfreicher ist es allerdings, die Kunden tatsächlich in den Prozess einzubeziehen. Dies kann beispielsweise durch Diskussion in **Fokusgruppen** geschehen oder noch realitätsnäher indem man Kunden mit einem

Kamera-Journal beauftragt, in dem sie den projektrelevanten Ausschnitt ihres Lebens visuell festhalten.

Am Ende der ersten beiden Entwicklungsphasen sollte also eine Fülle von Beobachtungen und Gedanken auf den Flipcharts stehen, die weder verknüpft, noch priorisiert oder bewertet sind. Genau so muss es nämlich sein. Erst in der folgenden Konvergenzphase wird diese Gemengelage strukturiert und eine Position darin bezogen. Für die Kundenperspektive kann dies beispielsweise bedeuten, die Zielgruppe auf eine **Persona** zu reduzieren, die dem idealtypischen Kunden ein Gesicht gibt. Aus einem Satz von abstrakten Eigenschaften wird ein ganz konkreter Mensch, der diese Eigenschaften in sich vereint. Parallel kann eine **Customer Journey** entworfen werden, die den Weg eines potenziellen Kunden vom Erstkontakt bis zum Kaufabschluss verfolgt und damit optimierbar macht. Beides – Persona wie Customer Journey – sind mittlerweile Standardwerkzeuge der Entwicklung, die aus der Praxis nicht mehr wegzudenken sind. Auch in der Konvergenzphase kann es zu Blockaden kommen, vor allem dann wenn den Teammitgliedern der Mut fehlt, die Spreu vom Weizen zu trennen. Dies ist dann der Zeitpunkt für den Einsatz **paradoxer Lösungen,** die positive Ergebnisse über den Umweg des Negativen erzeugen. **Worst Possible Idea** beispielsweise sammelt alle Kriterien, die Erfolglosigkeit garantieren. Das fällt Menschen erstaunlicherweise viel leichter, als positive Kriterien zu identifizieren. Vor dieser Negativtapete ergibt sich das Erfolgsmodell dann aber fast von selbst. Ähnlich geht auch das **Grabstein-Spiel** vor. Hier wird das Projekt für tot erklärt und nach dem passenden Spruch auf dem Grabstein gesucht. Dies schafft die nötige Distanz, um aus einem Wirrwarr konkurrierender Ziele die eigentliche Vision des Projekts herauszuschälen.

Damit ist der Verbindungspunkt beider Diamanten erreicht und das Spiel beginnt erneut mit einer Divergenzphase, in der das Commitment für eine Vision wieder in ein Spektrum möglicher Lösungsideen aufgefächert wird. Der Baukasten von Kreativitätstechniken entspricht dabei weitgehend dem der ersten Divergenzphase. Bei der Einbeziehung externer Personen treten die Kunden allerdings zugunsten der Expertinnen und Experten in den Hintergrund, die beispielsweise im Rahmen von **Delphi-Befragungen** ihre Problemlösungskompetenz einbringen können. Als Konzept zum Durchbrechen von Blockaden können auch in dieser Phase paradoxe Techniken wie die **Kopfstand-Technik** eingesetzt werden, bei der Lösungen durch Umkehrung garantiert fehlschlagender Konzepte generiert werden.

Die folgende Konvergenzphase ist das **Prototyping,** bei dem ein präsentierbares Modell der Produktlösung entwickelt wird. Das Design Thinking setzt hier auf Lösungen, die sich schnell und wenig zeitaufwendig im Team realisieren lassen. Ziel ist also keine lauffähige Demosoftware oder ein perfektes 3D-Druckmodell des Produkts, sondern eher ein aus Pappe gebastelter **Paper Prototyp,** ein gezeichnetes **Storyboard,** eine erzählte **Story** oder ein **Video,** das die geplante Funktionalität visualisiert. Sehr beliebt ist die **Wizard of Oz**-Methode, bei der Menschen die komplexe Funktionalität einer Software oder eines Produkts in einem Rollenspiel darstellen (Gerstbach 2017). Entscheidend ist bei allen diesen Ansätzen letztlich nur, dass sie die Produktidee differenziert genug darstellen, um die angestrebten Funktionalitäten überprüfbar zu machen und einen konstruktiven Dialog mit dem Kunden anzustoßen, der gegebenenfalls zu einer Optimierungsschleife führt.

4.3   Unboss – Vom Chef zum Servant Leader

Scrum und Design Thinking isolieren die Entwicklungsteams von der Unternehmenshierarchie, damit sie ihr kreatives Potenzial entfalten können. Sie werden auf diese Weise zu wichtigen Innovationstreibern, gleichzeitig aber auch potenziell zu Fremdkörpern im Unternehmen. Der:Die Chef:in kann zwar nicht mehr in den Entwicklungsprozess hineinregieren, er ist aber nicht verschwunden und hat letztlich immer noch die Macht, eine zukunftsweisende Idee in der Wiege zu ersticken. Legendär ist beispielsweise die Entscheidung von Kodak, die im Unternehmen bis zum Prototyp vorangetriebene Idee der Digitalkamera ins Archiv zu verbannen und die Weichen damit unwiderruflich in Richtung Untergang zu stellen. Gegenentwürfe zur hierarchischen Unternehmensführung sollten sich also nicht auf den Bereich der Entwicklung beschränken, sondern das Gesamtunternehmen erfassen, um eine Konfrontation gegenläufiger Kulturen im Unternehmen zu verhindern und die Kräfte in Richtung Agilität zu bündeln. Pionier auf diesem Weg ist Lars Kolind, der den schwächelnden Hörgerätehersteller Oticon ab 1988 auf einen radikal neuen – und überwältigend erfolgreichen – Weg bringt (Kolin und Bøtter 2012). Oticon hatte zu diesem Zeitpunkt das typische Problem vieler Weltmarktführer. Lange Erfolgsphasen hatten zu einer tiefgestaffelten Führungshierarchie geführt, die alles langsam und teuer machte. Effizientere und innovativere Wettbewerber hatten das Unternehmen so sehr abgehängt, dass es tief in den roten Zahlen steckte. Als Kolind die Führung bei Oticon übernimmt, setzt er zunächst auf ein eher konventionelles, dem Zeitgeist entsprechendes Modell der Verschlankung. Die Hierarchie wird radikal zurückgeschnitten, die Entscheidungsfindung in der Führungsetage zentralisiert. Mit seinen Maßnahmen ist Lars Kolind so erfolgreich, dass Oticon bereits nach zwei Jahren wieder schwarze Zahlen schreibt.

Dies ist ihm allerdings bei weitem nicht genug – Oticon soll im Wettbewerb nicht nur mithalten können, sondern wieder der Schrittmacher im Markt werden. Hierfür hat er zwei Visionen. Auf der Produktseite soll sich Oticon von einem klassischen Hersteller hochwertiger Hörgeräte zu einem Unternehmen entwickeln, das maßgeschneiderte Lösungen für die Hörprobleme individueller Kunden anbietet. Ziel ist also nicht (nur) das technisch perfekte Hörgerät, sondern ein zufriedener Kunde, der:die trotz Hörbehinderung so leben kann, wie er:sie es sich wünscht. Erreichen will Kolind diesen Quantensprung mit einer radikalen Umorganisation des Unternehmens. Seine zweite Vision für das Unternehmen ist eine „Spaghetti-Organisation", in der kaum etwas gewohnten Führungssystemen entspricht.

Im August 1991 beginnt die Umstrukturierung mit einem Paukenschlag. Die Unternehmenszentrale zieht in ein neues Gebäude mit Großraumbüros um. Alle Möbel des alten Gebäudes werden zurückgelassen und versteigert, nichts soll mehr an die Vergangenheit erinnern. Parallel zu diesem symbolträchtigen Akt wird die Führungsstruktur von Oticon revolutioniert. Die Abteilungsstruktur wird ebenso ersatzlos gestrichen wie sämtliche Jobtitel und Führungspositionen. Selbst der persönliche Schreibtisch entfällt und wird durch flexibel nutzbare, allgemein verfügbare Arbeitsplätze ersetzt. Alle Mitarbeiter:innen im Unternehmen werden gleichberechtigte und gleichrangige Teilhaber:innen, die sich ihre Aufgaben frei wählen. Dies kann eine Tätigkeit in einem bestehenden Projekt sein, es ist aber ebenso möglich, ein eigenes, neues Projekt auf den Weg zu bringen. Jedes dieser Projekte wird wie ein eigenes Unternehmen betrieben und hat eine Projektleiter:in, welche quasi die Rolle eines CEO übernimmt. Entscheidend dabei ist, dass sich dieser CEO nicht mehr als Spitze einer Hierarchie versteht, sondern dem Team als Serving Leader dient. Grundlage dieses revolutionären Modells ist keine Managementtheorie und auch keine sozialistische Utopie. Was Lars Kolind bei seinem Plan vielmehr vor den Augen steht, sind verblüffenderweise die Pfadfinder:innen mit ihrer teamorientierten Form von Zusammenarbeit und Problemlösung.

Im Konzept der Spaghetti-Organisation wird Oticon zu einem Kosmos unzähliger Ideen, die im Wettbewerb um begrenzte Ressourcen stehen. Erfolg haben dabei ganz darwinistisch nur Projekte, die ausreichend Erfolg versprechen und gut genug kommuniziert werden, um die benötigten Teilhaber:innen in Unternehmen anzuziehen und über die Projektdauer zu binden. Was bei diesem Wettbewerb überlebt, bringt Oticon verblüffend gut voran. Ziel von Lars Kolind war es, die Profitabilität des Unternehmens in drei Jahren um 30 % zu steigern. Tatsächlich gelingt es ihm, den Umsatz trotz kleinerer Mitarbeiterzahl binnen fünf Jahren zu verdoppeln und das Ergebnis sogar zu verzehnfachen.

4.4   Soziokratie – Konsent im Kreis

Das Beispiel Oticon zeigt, aus was für seltsamen Wurzeln innovative Führungsmodelle entstehen können und wie stark sie vom Engagement einzelner, charismatischer Personen abhängen. Anders als die Optimierungsansätze für das traditionelle, hierarchische Organisationsmodell, die sich fast immer aus den Anfängen bei Toyota ableiten lassen, ist die demokratieorientierte Gegenbewegung zersplitterter und besteht aus Modellen, die zum Teil völlig unabhängig voneinander entstehen. Eines der frühesten davon ist die Soziokratie (Buck und Vilines 2017). Sie wird nicht von den Pfadfinder:innen inspiriert, sondern mindestens ebenso bemerkenswert von den Quäkern. Der Niederländer Kees Boeke entlehnt den Begriff zwar aus der Soziologie, füllt ihn dann aber in Anlehnung an die gemeinschaftliche Entscheidungsfindung bei den Geschäftsandachten der Quäker mit Leben. Boeke setzt sein Konzept schon in den zwanziger Jahren des vergangenen Jahrhunderts in der von ihm gegründeten Reformschule „Werkplaats Kindergemeenschap" in Bilthoven um. Hier werden die Schüler:innen als Arbeiter:innen verstanden, die den als Mitarbeiter:innen bezeichneten Lehrer:innen gleichrangig sind. Alle Aufgaben werden in Gemeinschaftssitzungen nach dem Konsentprinzip verteilt. Dahinter steht ein Demokratieverständnis, bei der Macht nicht wie in parlamentarischen Systemen delegiert wird und Entscheidungen per Mehrheit getroffen werden, sondern bei dem jedes Individuum mit seinen Interessen berücksichtigt wird. Die bis heute existierende Schule kann ihr Modell ohne Geldsorgen erproben, weil Boeke mit Betty Cadbury verheiratet ist, deren Familie das gleichnamige Süßwarenunternehmen besitzt.

Zu den bekannten Schüler:innen der Werkplaats Kindergemeenschap gehört neben Mitgliedern des niederländischen Königshauses auch Gerard Endenburg. Dieser führt Boekes Gedanken ab 1970 im elterlichen Unternehmen ein, das er kurz vorher übernommen hat. Hier entsteht – und bewährt – sich die Soziokratie als Führungsmethode für wirtschaftlich ausgerichtete Organisationen (siehe Abb. 4.3). Basis des Modells sind vier Grundprinzipien (Endenburg 1996):

1. Der **Konsent** regiert die Beschlussfassung. Wird über einen Beschlussvorschlag entschieden, kann er nur angenommen werden, wenn niemand einen schwerwiegenden und begründeten Einwand dagegen vorbringt. Liegt ein solcher Einwand vor, wird er diskutiert und der Vorschlag modifiziert. Entscheidend für die Praktikabilität des Verfahrens ist, dass Einwände kein Veto bedeuten und dass die Einwände für den Betreffenden rote Linien sind. Es geht also nicht

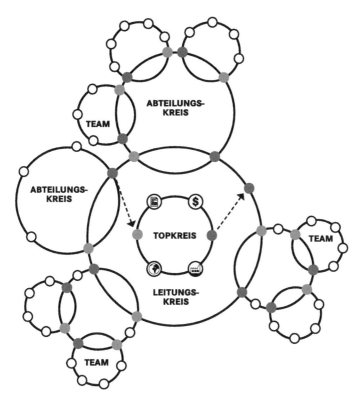

Abb. 4.3   Die Soziokratie. (© komm.passion 2022. All Rights Reserved)

um Kleinigkeiten und es wird auch nicht angestrebt, dass die Ergebnisse jeden vollständig glücklich machen. Konsent wird vielmehr auch dann erreicht, wenn das Ergebnis im Toleranzbereich aller Entscheidenden liegt. Noch flexibler wird das Konsentprinzip dadurch, dass für einzelne Aufgaben auch andere Entscheidungsformen wie die Delegation an eine Einzelperson im Konsent beschlossen werden können.

2. Die Struktur einer soziokratischen Organisation besteht aus miteinander verbundenen **Kreisen.** Jeder dieser Kreise entscheidet innerhalb seiner Zuständigkeit autonom. Dieser Strukturansatz ist entscheidend für die Soziokratie und unterscheidet das Modell von anderen Ansätzen. Anders als die variablen Teams bei Lars Kolind

sind die Kreise fest definiert und noch wichtiger, lösen sie die hierarchische Unternehmensstruktur nicht ab, sondern überlagern sie. So bildet üblicherweise die Führungsebene eines Unternehmens einen Kreis, darunter steht ein Kreis für allgemeine Funktionen. In der nächsten Ebene bilden mehrere Kreise die Abteilungs- oder Regionalstruktur des Unternehmens ab, denen wiederum Kreise für funktionale Gruppen untergeordnet sind. Die Hierarchie kann also als Ordnungsprinzip bestehen bleiben, entscheidend verändert wird die Praxis dennoch durch die Konsentfindung innerhalb des autonomen Kreises.

3. Entscheidend für die Verknüpfung der Kreise und den Kommunikationsfluss ist die **doppelte Verknüpfung** der Kreise. Jeder Kreis entsendet seine Leitungsperson und einen weitere Delegierte:n in den nächsthöheren Kreis. Damit kann keine Hierarchieebene autokratisch führen, Einwände werden ebenenübergreifend gehört und der Informationsfluss in beide Richtungen ist gesichert.

4. **Offene Wahl.** Auch Personen für Aufgaben oder Funktionen werden nach offener Diskussion per Konsent gewählt.

Über diese vier Prinzipien hinaus prägen noch (mindestens) drei weitere Aspekte die Soziokratie. Für Transparenz und Überprüfbarkeit wird dadurch gesorgt, dass jeder Kreis ein **Logbuch** führt, hier werden also die Backlogs von Scrum vorweggenommen. Hinzu kommt auch hier schon das dynamische Prinzip des Deming-Zyklus mit den Polen **Leiten, Ausführen und Messen** zum Tragen, der eine iterative Problemlösung ermöglicht. Schließlich ist noch eine gemeinsame Wertebasis im Unternehmen entscheidend, welche die Konsentbildung erleichtert. Hier wird mit dem Dreischritt von **Vision, Mission und Angebot** ein Denkmodell vorgeschlagen, das die Leitbilderstellung von Organisationen bis heute prägt.

4.5   New Work – Arbeit an der Selbstverwirklichung

Ebenfalls in den Siebzigern entsteht ein Konzept, das noch radikaler mit den klassischen Führungsstrukturen – aber auch mit den sozialistischen Utopien der Vergangenheit – bricht. Der Sozialphilosoph Frithjof Bergmann ist Ende der 1970er Jahre mehrfach in den Ländern des Ostblocks unterwegs. Was er dort sieht, bringt ihn zu der Überzeugung, dass die Herrschaft der Arbeiterklasse keine zukunftsfähige Idee ist. Gleichzeitig sieht er aber, dass auch die Industriegesellschaften des Westens dabei sind, sich in Informationsgesellschaften zu verwandeln, für die ebenfalls andere Arbeitsformen nötig sind. Aus dieser für die damalige Zeit prophetischen Erkenntnis – es geht schließlich um eine Ära, in der Telefonzellen noch häufiger sind als Personal Computer – entwickelt er New Work, ein Konzept neuer Arbeitsformen, mit denen flexibel auf Globalisierung, Digitalisierung und demografischen Wandel reagiert werden kann (Bergmann 2017).

Bergmann denkt sein Modell konsequent vom Individuum aus. Fremdbestimmte und damit sinnentleerte Lohnarbeit lehnt er ab und das gilt für die Fließbänder des Kapitalismus ebenso wie für die Maloche im volkseigenen Gaskombinat Schwarze Pumpe. Seine Vision ist vielmehr die Selbstverwirklichung des Individuums in einer frei gestalteten, sinnvollen Arbeit – Marx hätte sie unentfremdet genannt. Eine solche Arbeit ist kein Gegenpol zum privaten Leben mehr. Die Frage nach einer angemessenen Work-Life-Balance entfällt und löst sich im Work-Life-Blending auf, bei dem Arbeit und Privatleben fließend ineinander übergehen.

Dies ist zunächst einmal ein sehr utopischer Ansatz und in den 80er und 90er Jahren auch noch weit von der realen Arbeitswelt entfernt. Der tief greifende Wandel in Technik und Wirtschaft hat viele seiner Ansätze aber verwirklichbar und aktuell gemacht. Aus heutiger Perspektive lassen sich viele gängige Führungsmethoden und Arbeitsformen aus dem New Work ableiten oder zumindest in das Konzept einordnen. Die Abkehr von der Abteilung hin zum Team, vom Standardprozess zum Projekt gehören ebenso zu diesen Ansätzen wie die

Flexibilisierung von Arbeitszeiten und Arbeitsplätzen oder das gerade so aktuelle Konzept des Remote Working aus dem Homeoffice oder der Strandbar in Thailand. Letztlich lassen sich selbst ganze Führungsmodelle wie Scrum oder die Soziokratie als Werkzeuge bei der Verwirklichung von New Work deuten, wobei die Vertreter:innen dieser Modelle damit vermutlich nicht sehr glücklich wären. Zudem wird in den Zeiten von Corona deutlich, dass die schöne neue Arbeitswelt dem Individuum nicht unbedingt mehr Freiräume bringen muss, sondern auch handfeste Nachteile haben kann. Dennoch bleibt New Work ein wichtiger Ansatz, der helfen kann, die Vielfalt von innovativen Ansätzen für die Neustrukturierung von Führung und Arbeit unter einem übergreifenden Ziel zu ordnen und zu bewerten.

4.6   Holakratie und S3 – Soziokratie modern gedacht

Auch wenn sie bis heute praktiziert und weiterentwickelt wird, ist Soziokratie ein Konzept des vergangenen Jahrhunderts. Sie wird als pädagogischer Ansatz in der Euphorie der Reformbewegung nach dem Ersten Weltkrieg begründet und in der nicht minder euphorischen Aufbruchzeit der Siebziger zum Konzept der Unternehmensführung ausgebaut. Aus heutiger Sicht fordert Soziokratie gleichzeitig zu viel und zu wenig. Der Idealismus eines quäkerisch-anarchistischen Christentums schießt für das 21. Jahrhundert etwas über das Ziel hinaus, gleichzeitig ist das Führungskonzept aber zu nahe an den altgewohnten Hierarchien. Als Konsequenz dieser Kritik entsteht die Holakratie, welche das Konzept der Soziokratie radikaler macht und seine Grundprinzipien an die veränderten Anforderungen der Gegenwart anpasst.

Begründet wird die Holakratie von Brian Robertson, der 2006 beginnt, eine innovative Führungsform für seine Ternary Software Corporation in Philadelphia zu suchen. Robertson stößt auf die außerhalb Europas eher unbekannte Soziokratie, entwickelt sie weiter und schützt sein „holacracy" genanntes Modell typisch amerikanisch als Marke, mit der durch das Unternehmen Holocracy One Geld verdient wird. Die Grundelemente der Soziokratie werden dabei übernommen, ihre Ausgestaltung aber deutlich verändert und ausdifferenziert. Die Prinzipien der Holakratie sind in einer Verfassung mit fünf Artikeln festgeschrieben (Robertson 2016):

1. **Rollen.** Eine der wichtigsten Neuerungen der Holakratie ist die Abschaffung hierarchischer Posten, die mit ihren Tätigkeitsbeschreibungen in der Soziokratie noch das Grundgerüst bilden. Für Robertson gibt es nur noch flexible Rollen, die nicht einmal einzelnen Personen zugeordnet sind. Eine Person kann also mehrere Rollen gleichzeitig haben oder aber mehrere Personen füllen eine Rolle gemeinsam aus. Diese Person oder diese Personen sind dann bei der Erfüllung ihrer Aufgaben souveräne Unternehmer.
2. **Kreise.** Hier ist die Holakratie nahe bei der Soziokratie angesiedelt. Auch die Strukturierung der Kreise mit einem Board an der Spitze und einem General Company Circle darunter ist fast identisch. Neu ist jedoch, dass es neben den sachbezogenen Rollen im Kreis vier festgelegte Rollen gibt. Der Lead Link macht Vorschläge für die Vergabe der Rollen und vertritt seinen Kreis in der nächstniedrigen Ebene. Der Rep Link moderiert Konflikte im Kreis und vertritt seinen Kreis in der nächsthöheren Ebene. Alle Kreise unterhalb des Boards sind also in zwei Richtungen verknüpft. Der Facilitator leitet beide Meetingtypen des Konzepts. Der Secretary schließlich plant die Meetings und dokumentiert ihre Ergebnisse.
3. **Governance-Prozesse.** Die Holakratie unterscheidet zwischen zwei Prozesstypen. Governance-Prozesse sind kreisintern und werden in regelmäßigen Steuerungstreffen verhandelt. Hier können Rollen und Vorgehensregeln geschaffen, verändert oder gestrichen werden und hier werden auch die vier festen Rollen im Kreis durch Wahlen besetzt. Die Entscheidungsprozesse finden wie bei der Soziokratie im Konsent statt, für die Strukturierung des Prozesses gibt es aber zusätzlich eine Vielzahl von sehr detaillierten Regeln, zu denen auch eine formalisierte Validierung der Einwände gehört. Neu ist auch der Begriff der „Spannung" für eine Diskrepanz zwischen der aktuellen Realität und der angestrebten Vision. Spannungen werden positiv gesehen und als Motor für Veränderungen genutzt.

4. **Operative Prozesse** werden in seltener stattfindenden strategischen Treffen und in regelmäßigen taktischen Treffen verhandelt, zu denen auch Mitarbeiter:innen aus anderen Kreisen hinzukommen. In den Strategiemeetings wird die grundsätzliche Ausrichtung des Unternehmens diskutiert, in den taktischen Meetings der Status der aktuellen Projekte und ihrer Kennzahlen. Auch hier gibt es eine Vielzahl von Regeln, die Anforderungen an die Mitarbeiter:innen und das Vorgehen in den taktischen Treffen festschreiben. Zentral ist in allen Fällen das Prinzip der dynamischen Führung, bei der Planungen nicht einfach abgearbeitet werden, sondern sich mit dem Erfahrungszuwachs kontinuierlich weiterentwickeln.

5. **Inkraftsetzung der Verfassung.** Dieser letzte Punkt der Verfassung beschreibt den Einführungsmechanismus der Holakratie in einem Unternehmen und könnte auch am Anfang stehen. Er beschreibt, wie die alte Führungsebene des Unternehmens die holokratische Verfassung ratifiziert. Die Ratifizierer bilden dann einen eigenen Anker-Kreis, der die Macht hat, die Verfassung zu aktualisieren oder zu widerrufen. Im Regelfall findet die Weiterentwicklung der Organisation aber in den regulären Kreisen durch Konsent statt.

Holakratie ist der Versuch, die Soziokratie zu modernisieren und erfolgreich erprobte Konzepte aus anderen Agilitätsmodellen einzubeziehen. Dem dabei entstandenen Konzept wird aber vorgeworfen, dass es mit seiner Fülle an Einzelregeln viel zu komplex ist und zudem durch seine kommerzielle Ausrichtung gegen den basisdemokratischen Grundgedanken der Soziokratie verstößt. Bernhard Bockelbrink und James Priest haben sich daher 2015 darangemacht, ein Gegenmodell zu entwickeln, das die Soziokratie im 21. Jahrhundert ankommen lässt, ohne seine Grundüberzeugungen zu verraten. Entstanden ist dabei die **Soziokratie 3.0,** kurz auch **S3** genannt. Aus den vier Grundprinzipien der Soziokratie werden dabei sieben: **Empirismus, Konsent, Effektivität, Gleichstellung, Transparenz, Verantwortung** und **Kontinuierliche Verbesserung** (Bockelbrink et al. 2021).

Eine wichtige Neuerung steht ganz am Anfang. Die „Vision" der Soziokratie und ihr holakratisches Äquivalent „Purpose" bilden in beiden Modellen eine eher abstrakte Grundlage für die Arbeit der

Organisation. S3 benennt diese übergreifenden Ziele nicht nur in „Treiber" um, sondern macht sie neben den schon aus der Holakratie bekannten „Spannungen" zu einem entscheidenden Faktor von Entscheidungsprozessen im Alltag.

Mindestens ebenso wichtig ist ein deutlich offeneres Konzept für die Kreisbildung. In S3 werden die Kreise nicht mehr zwingend hierarchisch geordnet, sondern können auch komplexere Organisationsstrukturen bis hin zur fraktalen Organisation abbilden. Zusätzlich können Kreise neben der gewohnten doppelten Verknüpfung auch einfach oder überhaupt nicht verknüpft werden.

Entscheidungsprozesse werden weiterhin nach dem Konsentprinzip durchgeführt. Wie bei der Holakratie werden Einwände dabei systematisch auf ihre Wichtigkeit und ihr Potenzial zur Verbesserung von Konzepten überprüft. Hierbei wird neben der als Spannung genutzten Diskrepanz von Standpunkten auch der Bezug zu den Treibern der Organisation einbezogen. Ziel ist es, eine Balance zwischen der Gleichstellung aller Beteiligten und dem Ziel einer möglichst hohen Effektivität von Prozess und Ergebnis zu erreichen.

Im Detail finden sich bei S3 noch zahlreiche Übernahmen aus anderen Modellen (Rüther 2018). So wird beispielsweise die Dynamik der Prozesse nicht mehr allgemein durch Deming-Zyklen erreicht, sondern ausdrücklich als Kontinuierlicher Verbesserungsprozess in der Tradition des Kaizen verstanden. Für Transparenz wird nicht mehr nur durch Dokumentation in den Kreisen gesorgt, es finden zusätzlich auch Retrospektive-Meetings statt, die den Reviews und Retrospektiven im Scrum entlehnt sind.

4.7   Reinventing Organizations – Unterwegs zur Weltformel

Wer über die Entwicklung neuer Organisationsformen schreibt, kommt um Frédéric Laloux nicht herum. Sein Buch „Reinventing Organizations" schlägt seit 2015 Wellen in der Managementlandschaft und hat vermutlich mehr Leser:innen in den Führungsetagen erreicht als jedes Einzelmanifest von Kanban bis Holakratie. Der ehemalige McKinsey-Partner hat sich nicht weniger vorgenommen als eine übergreifende Theorie, in der er die nächste Evolutionsstufe menschlicher Organisationsformen zwingend aus psychologischen und entwicklungsgeschichtlichen Gesetzmäßigkeiten ableitet.

Laloux' Grundmodell ist altbekannt und postuliert eine Folge von Entwicklungssprüngen, bei denen sich von der Gesellschaftsform über die Wirtschaftsform bis hin zur Organisationsform alles ändert. Treiber dieser Entwicklung ist für ihn aber weder der Geist (wie bei Hegel) noch die Materie (wie bei Marx), sondern die psychologische Entwicklung des menschlichen Bewusstseins. Er setzt dabei auf der Theorie der Spiral Dynamics auf, die vom Psychologen Clare W. Graves als individualpsychologisches Konzept begründet und von Don Beck, Chris Cowan und Ken Wilber ausgebaut wurde (Beck und Cowan 2008). Entwicklung findet in Laloux' Fortschreibung dieser Theorie beim Individuum wie bei der Gesellschaft nach denselben Mechanismen statt – der Weg vom Säugling zum Erwachsenen ist für ihn also identisch mit dem Weg von der steinzeitlichen Stammesgesellschaft zur postmodernen Gesellschaft der Gegenwart. Auf dieser Basis entwickelt Laloux ein Phasenmodell, das neben zwei prähistorischen Entwicklungsphasen fünf Hauptphasen umfasst, die er farbig codiert. Warum die in der Theorie aufeinanderfolgenden Organisationsformen heute alle parallel existieren oder warum in der Geschichte immer wieder Organisationsformen auftauchen, die eigentlich erst viel später möglich sein sollten, erklärt die Theorie allerdings nicht.

Historischer Startpunkt ist für Laloux die **Tribale Organisation** mit der Farbe Rot. Hier entsteht aus der Wahrnehmung der Welt als gefährlicher Ort ein ausgeprägtes Gefälle von Oben und Unten, bei dem oben autoritär geherrscht und unten die Arbeit erledigt wird. Hierarchie und Arbeitsteilung werden schon in Anfängen sichtbar, sind aber noch nicht voll ausgeprägt. Typische Beispiele dieser Organisationsform sind Mafia und Straßengangs, aber auch Failed States.

Die nächste Entwicklungsstufe ist die **Konformistische Organisation** mit der Farbe Bernstein. Hier hat die Welt ihren Schrecken verloren und wird als geordnetes, nach festen Gesetzmäßigkeiten funktionierendes System verstanden. Dies macht sie dann auch durch feste Regeln beherrschbar, die in einer starren, unveränderlichen Hierarchie umgesetzt werden. Typische Beispiele sind die katholische Kirche, Armeen und viele Behörden.

Es folgt die **Leistungsorientierte Organisation** mit der Farbe Orange. In dieser Entwicklungsstufe wird das Wissen um die Gesetzmäßigkeiten der Welt um die Erkenntnis ergänzt, dass diese Mechanismen optimierbar sind. Der Begriff der Regel wird folgerichtig durch die Begriffe Innovation, Verlässlichkeit und Leistung ersetzt. Damit kommt Laloux in der modernen Welt des leanen Management und der kontinuierlichen Veränderungsprozesse an. Typische Beispiele sind fast alle Unternehmen unserer Zeit.

Vierte Entwicklungsstufe ist die **Postmoderne Organisation** mit der Farbe Grün. Sie resultiert aus der Erkenntnis, dass leistungsorientierte Organisationen zwar ungekannte wirtschaftliche Erfolge ermöglichen, dies aber mit einer Reduktion des Menschen auf das Materielle, mit einem Verlust an Gemeinschaft und mit sozialer Ungerechtigkeit erkaufen. Die postmoderne Organisation stellt der geölten Industriemaschinerie daher das Ideal der Familie gegenüber. Hierarchien werden abgebaut, das Empowerment der Mitarbeiter:innen und die Orientierung an sozialen und ökologischen Werten tritt in den Vordergrund. Dies deckt sich teilweise (aber nicht ganz) mit den demokratischen Ansätzen in der Tradition der Soziokratie.

Die fünfte und letzte Entwicklungsstufe ist die **Integrale evolutionäre Organisation** mit der Farbe Petrol (engl. Teal). Dies ist Laloux' Zukunftsvision eines Organisationstyps, der sich vollständig von festgeschriebenen Organisationsstrukturen und Rollenzuweisungen löst und die Wandlungsfähigkeit eines lebendigen Organismus besitzt. Erste Organisationen haben diesen Ansatz bereits erprobt und Laloux nutzt sie im zweiten Teil seines Buchs als Fallstudien, auf die er sein Modell stützt.

Als Beispiele wurden zwölf Organisationen ausgewählt, die über genug Mitarbeiter:innen verfügen und lange genug am Markt sind, um belastbare Ergebnisse zu ermöglichen. Das Spektrum reicht dabei von einer Berliner Gesamtschule über einen mittelständischen US-Lebensmittelverarbeiter bis hin zu einem großen niederländischen Unternehmen für häusliche Pflege. Laloux identifiziert bei seiner

Analyse dieser Beispiele drei wesentliche Charakteristika – er nennt sie Durchbrüche – die alle integral-evolutionären Organisationen von ihren Vorgängertypen unterscheiden. Der erste Durchbruch ist dabei die **Selbstführung.** Hierarchien werden vollständig abgeschafft und durch adaptive Organisationsformen nach dem Vorbild natürlicher Prozesse ersetzt. Laloux betont, dass autoritäre Entscheidungen hierbei nicht durch einen vollständigen Konsens des Teams ersetzt werden, der letztlich immer auf den kleinsten gemeinsamen Nenner hinausläuft. Was er als wünschenswerte Entscheidungsform beschreibt, ähnelt dann sehr stark dem Konsent von Soziokratie und Holokratie. Sprich: Solange es keine begründeten und schwerwiegenden sachlichen Einwände gibt, können innerhalb eines erweiterten Toleranzbereichs aller Entscheider:innen Beschlüsse gefasst werden. Zweiter Durchbruch ist die **Ganzheit.** Hier geht es darum, die tradierte Trennung zwischen einer Arbeit, in der man extrinsische Normen erfüllt, und der Freizeit, in der man sich selbst verwirklicht, aufzulösen. Arbeit soll zu einer wertegetriebenen Beschäftigung werden, mit der sich ein Mensch ganz identifizieren kann. Mit seinen Darstellungen liegt Laloux dabei sehr nahe an den Konzepten des New Work. Der dritte Durchbruch ist der **Evolutionäre Sinn.** Hier gerät Laloux in die Nähe esoterischer Ansätze, weil er der Organisation einen Eigenimpuls zur Weiterentwicklung unterstellt. Anders als in der orangenen Phase wird die Organisation nicht als Maschine verstanden, die von außen gesteuert wird, sondern als selbstentwickelndes System, dem man zuhören kann und sollte. Selbst in der Soziokratie und der Holokratie werden Vision beziehungsweise Purpose von außen gesetzt, bei Laloux ergeben und entwickeln sie sich nahezu autonom aus der Eigengesetzlichkeit des Geschäftsfelds und der individuellen Sinnsuche aller Mitarbeiter:innen.

Nach der Analyse der Gemeinsamkeiten integral-evolutionären Organisationen widmet sich Laloux im dritten Teil des Buchs dem Thema, welche Rahmenbedingungen für eine erfolgreiche Einführung dieser neuen Organisationsform entscheidend sind. Ein Patentrezept kann und will er für diese Aufgabe nicht liefern, zwei grundlegende Aussagen sind aber dennoch möglich. Erste Kernerkenntnis aus den Fallstudien ist, dass Geschäftsfeld, Unternehmensgröße sowie geografische Lage und kultureller Hintergrund kaum Einfluss auf den

Erfolg der Einführung einer integral-evolutionären Organisation haben. Eine Non-Profit-Organisation hat es also nicht leichter auf dem Weg zur Petrol-Stufe als ein kommerzielles Unternehmen, ein Mittelständler nicht leichter als ein Konzern und eine Organisation in Europa nicht leichter als eine in den USA. Entscheidend ist dagegen – und das ist die zweite Kernerkenntnis – dass sowohl die Unternehmensführung als auch die Unternehmensbesitzer:innen beim Transformationsprojekt verlässlich mit an Bord sind. Gerade bei den Besitzer:innen kann das kritisch sein, weil sie im Krisenfall oft nicht gut mit ihrer geringen Einflussmöglichkeit in der neuen Organisation leben können. Die Unternehmensführung – sprich die Personen, die vor der Transformation an der Spitze waren, behält auch in der neuen Organisation eine wichtige Rolle, weil sie die drei oben beschriebenen Durchbrüche anstoßen und vorleben. Damit stärkt sie eine Unternehmenskultur, in der alle Mitarbeiter:innen den Weg in eine deutlich selbstbestimmtere, aber auch deutlich verantwortungsvollere Rolle finden können.

Agilität hat viele Gesichter

In den 1990er-Jahren beginnt die Erfolgsgeschichte der „Agilität". Es geht darum, den Rahmen für Zusammenarbeit neu zu definieren und das Empowerment der Mitarbeiter:innen in demokratischer Tradition an erste Stelle zu setzen. Dabei lässt sich zwischen agilen Ansätzen unterscheiden: Methoden auf operativer Arbeitsebene und ganzheitlichen Systemen. Die aktuell bekanntesten Methoden sind Scrum und Design-Thinking. Ein Beispiel für ein agiles System ist die Soziokratie:

- **Scrum:** Scrum setzt Individuen und Interaktionen vor den Prozess und das Reagieren auf Veränderungen vor den Plan. Der sogenannte „Process Owner" organisiert im Scrum „Sprints", in denen bestimmte Probleme oder Aufgaben **interdisziplinär** gelöst und getestet werden. Mehrere kleine Lösungen in Sprints führen schlussendlich zum Gesamtergebnis.
- **Design Thinking:** Im Design Thinking geht es darum, unterschiedliche Expertise und **unterschiedliche Perspektiven** in eine **Problemlösung** einzubinden. Dazu arbeiten interdisziplinäre Teams demokratisch und von Null auf gemeinsam an einem Problem. Elementarer Bestandteil des Prozesses: Regelmäßige „Testings" der Zwischen- oder Endergebnisse.
- **Soziokratie:** Die Soziokratie beruht als ganzheitliches Organisationssystem auf vier Prinzipien: Beschlüsse werden im **Konsent** gefasst, die

> Organisation besteht aus unterschiedlichen **Kreisen** mit verschiedenen Verantwortungsbereichen, die Kreise sind durch doppelte Verknüpfung miteinander vernetzt und Personen für Aufgaben oder Funktionen werden durch **offene Wahl** bestimmt.
> - **Laloux Zukunftsvision:** Seit 2015 schlägt das Werk „Reinventing Organizations" von Laloux große Wellen. Er zieht dabei Vergleiche zur natürlichen Evolution und teilt die Entwicklung von Wirtschaftsunternehmen in **fünf Phasen** ein. Die fünfte und letzte Entwicklungsstufe ist die **Integrale evolutionäre Organisation.** Diese Zukunftsvision beschreibt einen Organisationstyp, der sich vollständig von festgeschriebenen Strukturen und Rollenzuweisungen löst und die Wandlungsfähigkeit eines lebendigen Organismus besitzen soll.

Literatur

Beck DE, Cowan CC (2008) Spiral Dynamics – Leadership, Werte und Wandel. Eine Landkarte für Business und Gesellschaft im 21. Jahrhundert. Kamphausen, Bielefeld

Beck K et al (2001) Manifest für Agile Softwareentwicklung. http://agilemanifesto.org/iso/de/manifesto.html. Zugegriffen: 15. Nov. 2021

Bergmann F (2017) Neue Arbeit, Neue Kultur. Arbor, Freiamt

Bockelbrink B, David L, Priest J (2021) A practical guide for evolving agile and resilient organizations with sociocracy 3.0. https://sociocracy30.org/resources/. Zugegriffen: 15. Nov. 2021

Brown T, Katz B (2016) Change by Design. Wie Design Thinking Organisationen verändert und zu mehr Innovationen führt. Vahlen, München

Buck J, Villines S (2017) We the people. Consenting to a deeper democracy. Sociocracy.info Press, Washington DC

Clune SJ, Lockrey S (2014) Developing environmental sustainability strategies, the double diamond method of LCA and design thinking: a case study from aged care. J Clean Prod 85:67–82

Endenburg G (1996) Soziokratie — Königsweg zwischen Diktatur und Demokratie? In: Fuchs J (Hrsg) Das biokybernetische Modell. Gabler. https://doi.org/10.1007/978-3-322-82904-7_6. Zugegriffen: 20. Jan. 2022

Gerling A, Gerling G (2018) Der Design-Thinking-Werkzeugkasten. Eine Methodensammlung für kreative Macher. dpunkt, Heidelberg

Gerstbach I (2017) 77 Tools für Design Thinker. Insider-Tipps aus der Design-Thinking-Praxis. Gabal, Offenbach

Kelley D, Kelley T (2014) Kreativität und Selbstvertrauen. Der Schlüssel zu Ihrem Kreativbewusstsein. Schmidt, Mainz

Kolind L, Bøtter J (2012) Unboss. Jyllands Postens Forlag, Kopenhagen

Laloux F (2015) Reinventing Organizations. Ein Leitfaden zur Gestaltung sinnstiftender Formen der Zusammenarbeit. Vahlen, München

Layton MC, Morrow D (2019) Scrum für Dummies. Wiley, Weinheim

Nonaka I, Takeuchi H (2012) Die Organisation des Wissens. Wie japanische Unternehmen eine brachliegende Ressource nutzbar machen. Campus, Frankfurt a. M.

Robertson BJ (2016) Holacracy: Ein revolutionäres Management-System für eine volatile Welt. Vahlen, München

Rüther C (2018) Soziokratie, S3, Holakratie, Fredric Laloux' „Reinventing Organizations" und New Work. Ein Überblick über die gängigsten Ansätze zur Selbstorganisation und Partizipation. BoD, Norderstedt

Sutherland J, Schwaber K (2007) The scrum papers: nuts, bolts and origins of an agile method

5

Ein systemischer Brückenschlag

Zusammenfassung Modelle zur Optimierung hierarchischer Strukturen wie Kanban und Kaizen lassen sich eigentlich nicht mit basisdemokratischen Gegenentwürfen wie Soziokratie oder Holakratie vereinbaren. In der Praxis wird aber genau das versucht, um die Vorteile einer straffen, transparenten Organisation mit der Kreativität eigenbestimmter Teams zu kombinieren. Einen theoretischen Unterbau erhalten diese Versuche durch systemische Konzepte, welche das in demokratischen Ansätzen meist ausgeblendete Problem der Führung angehen. Dieses wird beispielsweise im Sankt Galler Management-Modell thematisiert. Es geht um ein neues Verständnis von Führung, dass systemisch statt hierarchisch ist und nicht (nur) vertikal, sondern auch lateral funktionieren kann. Was das bedeutet, erklärt dieses Kapitel.

Analytisch betrachtet stehen sich die Modelle zur Optimierung der klassischen Führungshierarchie und die Modelle für ihre Abschaffung diametral gegenüber – die Welt von Lean und KVP sollte sich nicht mit der Welt von Agilität und New Work vereinbaren lassen. In der Praxis geht allerdings alles bunt durcheinander. Ratgeber für leane Agilität sind keine Seltenheit und Kanban-Tafeln gehören zum

Standardrepertoire beim Daily Scrum. Dafür gibt es zwei Gründe. Zum einen sind nahezu alle beschriebenen Modelle in der Praxis entstanden und entsprechend hemdsärmelig. Sie erheben weder einen Anspruch auf wissenschaftliche Tiefe noch auf präzise Definitionen, es reicht ihnen aus, plakative Erfolgsbeispiele präsentieren zu können und eine Terminologie zu entwickeln, mit der man sich trennscharf von rivalisierenden Managementsekten abgrenzen kann. Wichtiger ist der zweite Grund. Optimierungsmodelle und Gegenmodelle gehen jeweils nur die Hälfte der Probleme hierarchieverkrusteter Unternehmen an. Eine schlanke, sich kontinuierlich verbessernde Organisation wirkt dem Drang zur Komplexitätserhöhung entgegen und maximiert die Effizienz der Prozesse. Agile, hierarchiefreie Ansätze wiederum lösen die Kreativitätsbremsen der Organisation und nutzen das Innovationspotenzial selbstverantwortlicher Teams. Im richtigen Leben wird aber beides gebraucht. Ein hocheffizientes Unternehmen ohne Innovationskraft kann schon hinter der nächsten Kurve von der Disruptionsklippe stürzen. Ein vor Innovationskraft übersprudelnder Abenteuerspielplatz des New Work wiederum hat schlechte Karten, wenn Deadlines ebenso notorisch gerissen werden wie Budgetgrenzen. Es ist also nicht verwunderlich, dass Berater:innen und Unternehmen hemmungslos Konzepte mischen, um das Beste aus beiden Welten einzusammeln. Der weitaus häufigere Fall ist es dabei, die bereits erfolgreich verschlankte Hierarchie im Hintergrund beizubehalten und wahlweise agile Inseln darin zu schaffen oder dem Ganzen einen agilen Anstrich zu geben. Wenn der:die Abteilungsleiter:in den Scrum Master gibt, der:die Projektleiter:in standardmäßig zum Projekt Owner ernannt wird und die Meetings halbwegs ins Scrum-Raster passen, ist das Unternehmen im Handumdrehen agil. Beim nächsten Starkregen wird die zeitgemäße Kriegsbemalung dann abgewaschen und alles ist wie früher.

Unbestritten können beide Innovationsstränge der letzten Jahrzehnte Erfolge vorweisen, ebenso unbestritten können sie aber keine Komplettlösung für die Herausforderungen der Zukunft liefern. Was fehlt ist ein übergreifendes Konzept, das beide Welten vereinen kann und das am besten auch noch mit einer solideren wissenschaftlichen Fundierung tut. Der Schlüssel hierfür könnte eine Organisationskomponente sein, die in beiden Strängen sträflich vernachlässigt wird.

Diese Komponente ist die Führung – hier ausdrücklich nicht verstanden als bloßes Management von Prozessen, sondern als Instanz, die Visionen einbringt und Organisationen bei deren Verwirklichung lenkt (Kotter 1990). In der leanen Welt bleibt Führung auf ihre alte Rolle der disziplinarischen Macht reduziert. Selbst wenn das Wissen von Mitarbeiter:innen systematisch die Hierarchieleiter herauftransportiert wird, verläuft der Entscheidungsweg weiterhin top-down. In der agilen Welt wird Führung dagegen komplett ins Team delegiert und damit jenseits der Projektgrenze faktisch abgeschafft. Die ehemalige Führungsetage darf gerne in den Projekten mitarbeiten, akquirieren fahren oder Probleme mit der Bank aus dem Weg räumen, wirklich gebraucht wird sie aber nicht mehr. Das allerdings deckt sich kaum mit der Realität agiler Vorzeigeunternehmen, bei denen regelmäßig charismatische Führungspersönlichkeiten den Startschuss in die neue Welt geben und mit ihren Produktvisionen auch den weiteren Weg entscheidend prägen. Es lohnt sich also, einen Blick darauf zu werfen, wie eine Führung aussehen kann, die in beiden Welten zu Hause ist und damit das Potenzial mitbringt, Effizienz und Innovation zusammenzuführen.

5.1 Systemisch statt hierarchisch

Der Weg zu einem Führungsbegriff, der auch in vordergründig führungslosen Organisationsformen funktioniert, ist beschwerlich und beginnt in den Staubwüsten philosophischer und soziologischer Grundlagenwerke. Dort heißt es zunächst, von grundlegenden Prämissen des Alltagsdenkens Abschied zu nehmen, um dann mit leichterem Gepäck voranzukommen. Die erste dieser altvertrauten Prämissen ist die Annahme einer objektiv erkennbaren Welt. Der Konstruktivismus in der Tradition von Heinz v. Foerster analysiert sehr überzeugend, dass menschliche Erkenntnis nie die Grenzen der eigenen Wahrnehmung überschreiten kann (was nebenbei schon Plato wusste) (Foerster und Pörksen 2016). Das Bild der Welt in unserem Kopf ist dementsprechend also kein allgemeingültiges Abbild der Realität, sondern ein subjektives Konstrukt, das im Zusammenleben kontinuierlich verhandelt werden muss. Auf den ersten Blick hat diese Unterscheidung außerhalb von philosophischen Oberseminaren kaum Relevanz – solange man sich gefahrlos auf einen Stuhl setzen kann, macht es keinen Unterschied, ob er letztgültig real oder nur ein Konstrukt des Wahrnehmungsapparates ist. Neu ist aber die entscheidende Rolle der Kommunikation in der Welt. Das Sprechen hat nicht mehr nur die lästige Funktion, begriffsstutzigen Zeitgenossen Vernunft beizubringen, sondern ist eine unausweichliche Voraussetzung für die Erarbeitung gemeinsamer Ziele und Vorgehensweisen.

Auf dieser Erkenntnis des Konstruktivismus setzt dann die Systemtheorie an und macht die Welt noch etwas komplizierter. Auch sie hat Wurzeln tief in der Philosophiegeschichte, kommt aber erst mit den Erkenntnissen des Konstruktivismus und der Kybernetik richtig in Schwung. Niklas Luhmann bricht mit der Vorstellung, Systeme würden von Menschen geschaffen, die sich selbstbestimmt zu Gruppen zusammenschließen und dort zielgerichtet handeln. Für ihn schaffen sich die zahllosen Subsysteme der Gesellschaft selbst, indem sie sich von ihrer Umwelt abgrenzen (Luhmann und Bäcker 2017). Einmal entstanden differenzieren sich auf und entwickeln sich kontinuierlich weiter, um ihre Existenz unter veränderten Umgebungsbedingungen zu sichern. Menschen sind durchaus Teil dieser Systeme, sie steuern sie aber nicht, sondern funktionieren nach deren Regeln. Auch das ist zunächst einmal ein sehr abstrakter Gedanke. Die Systemtheorie macht aber verständlich, warum Organisationen einen so starken Drang zur Überkomplexität haben und warum so viele Versuche scheitern, Organisationen grundlegend zu ändern. Wer jemals einen Merger zweier Unternehmen zu verwirklichen hatte, weiß wie hartnäckig und wie lange Unternehmenskulturen jedem Angleichungs- oder Transformationsversuch trotzen können. Dies bedeutet in der Konsequenz den Abschied von der zweiten Prämisse, Organisationen ließen sich beliebig nach dem Prinzip von Befehl und Gehorsam steuern. Aus dem Blickwinkel der Systemtheorie wird das Prinzip der Kommunikation noch einmal wichtiger als im Konstruktivismus, weil sie das Einzige ist, was Menschen dem blinden Selbsterhalt der Systeme entgegensetzen können.

In einer Wirtschaft, die immer komplexer wird, bekommen die kritischen Zwischenrufe von Philosophie und Soziologie eine wachsende Bedeutung. Unternehmen wachsen zu Größenordnungen heran, die sich kaum noch zentral steuern lassen. Globale Lieferketten schaffen wechselseitige Abhängigkeiten, in denen die Machtverteilung nicht mehr eindeutig definiert ist. Technologische Großprojekte fordern die Zusammenarbeit von Unternehmen, die sich früher als erbitterte Rivalen um Marktanteile verstanden haben. Alles das ist dann noch eingerahmt vom übergreifenden Digitalisierungstrend, der sämtliche Arbeits- und Organisationsformen radikal infrage stellt. Folgerichtig gibt es einen dritten Strang innovativer Organisationskonzepte, der diese Probleme angeht und sich dabei explizit als systemisch versteht. Ein Musterbeispiel für diesen Ansatz ist das Sankt Galler Management-Modell (SGMM), in dessen Zentrum von Anfang an ein differenziertes Führungskonzept steht und das diesen Schwerpunkt in seinen Entwicklungsstufen immer stärker in Richtung systemischen Denkens ausbaut (Rüegg-Sturm und Grand 2020). Grundlegend für das SGMM ist zunächst eine sehr umfassende Perspektive. Führungsaufgaben werden in die drei Ebenen normatives, strategisches und operatives Management aufgegliedert, sodass die Verständigung über Werte und Visionen ebenso erfasst werden wie der Plan zur Erreichung dieser Ziele und die alltägliche Umsetzung dieses Konzepts. Zusätzlich wird die Einbettung der Organisation in die Gesellschaft durch die Berücksichtigung von Umweltsphären und Anspruchsgruppen reflektiert. In dieser komplexen Gemengelage versucht das SGMM eine Balance zwischen konventionellen wirtschaftlichen Zielsetzungen und einer systemischen Methodik zu erreichen. Oberstes Ziel ist ganz klassisch eine maximale Effizienz durch kontinuierliche Optimierung von Prozessen, erreicht werden müssen diese Ziele aber durch Kommunikation mit allen Stakeholder:innen in- und außerhalb der Organisation. In dieser Balance schlägt das Pendel nach beiden Seiten aus. In den frühen Versionen des SGMM steht die Effizienz noch deutlich im Vordergrund, in der Version 4 dreht sich fast nur noch um eine machtfreie Kommunikation. Mit dem letzten Stand von 2019 geht das Modell dann einen Schritt in Richtung wertschöpfungsorientierter Ansätze zurück und wird dadurch wieder anschlussfähiger an die klassische Wirtschaftswissenschaft.

Systemisch-konstruktivistisches Denken bringt zwei wichtige Aspekte in die Diskussion innovativer Organisationskonzepte ein. Zum einen wird deutlich, dass die Forderung nach Entscheidungsformen jenseits hierarchischer Befehlsketten keine Utopie unverbesserlicher Gutmenschen ist, sondern eine Notwendigkeit für das erfolgreiche Handeln in einer globalisierten und digitalisierten Welt. Zum anderen holen systemorientierte Modelle die Führungsmannschaft wieder mit ins Boot. Man könnte auch respektlos sagen: Sie macht die Führungsmannschaft im Boot wieder sichtbar, wo sie selbst in den egalitärsten Modellen immer eine ebenso totgeschwiegene wie unverzichtbare Rolle gespielt hat.

5.2   Lateral statt vertikal

Die Erkenntnis der Systemtheorie, dass Führung in neuen Organisationskonzepten nicht überwunden, sondern neu definiert werden muss, eröffnet die Chance auf einen Brückenschlag zwischen hierarchieorientierten und basisdemokratischen Modellen. Entscheidend dafür ist die Erkenntnis, dass Führung nicht nur vertikal erfolgen kann, sprich von oben nach unten entlang der hierarchischen Befehlskette, sondern auch lateral, sprich frei von disziplinarischer Macht auf Augenhöhe (Jochum 2003).

Die Begriffe laterale Führung und laterales Management werden in aller Regel synonym gebraucht. Darüber hinaus wird angenommen, dass es in lateral gesteuerten Organisationen keine vertikalen Durchsetzungswege mehr gibt. Beide Annahmen vereinfachen allerdings unzulässig. Es macht vielmehr Sinn, Führung und Management deutlich voneinander zu unterscheiden und jeder Rolle zusätzlich eine „weiche" systemische und eine „harte" effizienzorientierte Handlungsoptionen zuzuweisen. Führung wird dabei im Sinne von Leadership interpretiert und hat ihren Schwerpunkt darin, Visionen zu entwickeln, Wandlungsprozesse anzustoßen und Rahmenbedingungen zu schaffen, in denen die gesetzten Ziele erreicht werden können. Dies entspricht in etwa den normativen und strategischen Ebenen im SGMM. Management hat dagegen die Aufgabe, Prozesse ziel- und ergebnisorientiert zu organisieren, was in etwa der operativen Ebene im SGMM entspricht. In dieser Vierermatrix sind Rollen und Vorgehensweisen nicht mehr dauerhaft einzelnen Personen zugeordnet, es gehört vielmehr zum Alltag, dass Mitarbeiter:innen Führungs- und Managementaufgaben gleichzeitig übernehmen oder situativ zwischen ihnen springen. Ebenso nötig und üblich ist es, dass sie ständig zwischen „weichen" und „harten" Durchsetzungsstrategien wechseln, wobei der Entscheidungsradius im eher projektorientierten Management meist geringer ist als in der unternehmensübergreifenden Führung. In jedem Fall müssen Mitarbeiter:innen aber mit dem grundlegenden Paradoxon systemischer Organisationen leben – sie haben Systeme zu steuern, die qua Definition nicht durch disziplinarische Anweisungen steuerbar sind. Ob ihnen dabei die disziplinarische Macht durch eine agile Organisationsform entzogen wurde oder ob die Umfeldbedingungen schlicht zu komplex sind, um noch eine hierarchische Führung zuzulassen, spielt dabei keine Rolle.

Mit welchen Mitteln es möglich ist, diese paradoxe Aufgabe zu lösen, wird in der Literatur zur lateralen Führung ausführlich diskutiert. Einen übersichtlichen Ansatz stellen bereits im Jahr 2004 Stefan Kühl sowie Thomas und Wolfgang Schnelle im Harvard Business Manager unter dem Titel „Führen ohne Führung" vor. In ihrem Artikel beschränken sich die drei Autoren ganz bewusst nicht auf Ratschläge aus dem Wohlfühlrepertoire basisdemokratischer Kommunikationskonzepte. Es geht vielmehr sehr realitätsnah um die Durchsetzung von Zielen sowie die Bewältigung von Konflikten unter komplexen Bedingungen und dabei behält auch das alte Thema der Macht einen zentralen Platz. Kühl und seine Mitautoren aus der Chefetage von Metaplan stellen zunächst dar, wie in großen Organisationen Subsysteme entstehen, die für ihr Funktionieren wichtig, leider aber in lokalen Rationalitäten gefangen sind – Denk- und Handlungsmustern die innerhalb des Systems schlüssig scheinen, sich aber nicht mit den Mustern ringsum vertragen. Damit sich die Subsysteme nicht gegenseitig ausbremsen und die effiziente Erreichung der Organisationsziele unmöglich machen, muss laterale Führung in drei Bereichen aktiv werden (vgl. Kühl et. al. 2004).

Der erste dieser Bereiche ist die **Verständigung.** Hier geht es darum, die verfestigten Denkmodelle der Subsysteme aufzubrechen, Dogmen wieder diskutierbar zu machen und neue Begrifflichkeiten zu finden, die es möglich machen, gemeinsame Lösungen für ganz konkrete Herausforderungen zu finden. Der naheliegende Gedanke, eine übergreifende Perspektive zu finden, in der sich alle Diskrepanzen dauerhaft auflösen, wird aus systemtheoretischen Gründen als unrealistisch verworfen. Verständigung bleibt also eine Daueraufgabe der lateralen Führung.

Zweiter Bereich ist die **Macht.** Selbst wenn klassische Hierarchien aufgelöst wurden, gibt es weiterhin komplexe Machtgefälle in der Organisation. Dies kann beispielsweise die Macht sein, Regeln zu setzen und Abläufe zu definieren. Sprichwörtlich ist die Macht, welche von gehortetem Wissen oder der Kontrolle von Kommunikationskanälen ausgeht. Hinzu kommt die Macht durch persönliche Kontakte, wie sie beispielsweise Key Accounter nahezu unkündbar macht. Laterale Führung analysiert die Machtspiele in der Organisation, nutzt sie, wenn sie erwünschte Ergebnisse erzeugen oder Blockaden durchbrechen und lenkt sie in andere Richtungen, wenn sie kontraproduktiv sind. Dies ist beispielsweise durch die Veränderung von Regeln möglich – also durch ein eigenes Machtspiel der Führung – oder auch durch Einbringung neuer Akteure. Entscheidend ist, dass Machtspiele im Konzept der lateralen Führung nicht abgelehnt, sondern konstruktiv genutzt und sogar initiiert werden.

Dritter Bereich ist das Schaffen von **Vertrauen.** Soll in Teams, oder noch problematischer über Teamgrenzen hinaus, kooperiert werden, setzt dies einen Vertrauensvorschuss voraus. Arbeitsleistungen oder Kompromisse müssen in der Hoffnung erbracht werden, dass die übrigen Akteure sich an Absprachen halten. Laterale Führung hat die Aufgabe, den Aufbau wechselseitiger Vertrauensbeziehungen in der Organisation zu fördern. Dies wird in aller Regel in kleineren Dimensionen beginnen, bei denen nicht allzu viel auf dem Spiel steht und dann schrittweise immer größere Aufgabenstellungen umfassen. Damit werden dann Reibungsverluste verringert und die Flexibilität der Organisation deutlich gesteigert.

Für die Praxis ist die Erkenntnis wichtig, dass alle drei Prozesse immer gleichzeitig ablaufen und sich dabei gegenseitig verstärken, behindern und ersetzen können. Laterale Führung hat also immer drei Bälle in der Luft, die beobachtet und im Fluss gehalten werden müssen. Dies ist herausfordernd, aber auch eine Chance, weil jeder Sackgassenbildung in einem Bereich durch die Nutzung der beiden anderen begegnet werden kann.

Brückenschlag von Effizienz und Agilität

Analytisch betrachtet stehen sich die Modelle zur Optimierung der klassischen Führungshierarchie und die Modelle für ihre Abschaffung diametral gegenüber – in der Praxis geht allerdings alles bunt durcheinander. Der Grund ist simpel: Eine schlanke, sich kontinuierlich verbessernde Organisation wirkt dem Drang zur Komplexitätserhöhung entgegen und maximiert die Effizienz der Prozesse. Agile, hierarchiefreie Ansätze wiederum lösen die Kreativitätsbremsen der Organisation und nutzen das Innovationspotenzial selbstverantwortlicher Teams. Was fehlt ist ein übergreifendes Konzept, das beide Welten vereinen kann. Der Schlüssel dazu könnte in der Führung liegen. Einen Ansatz dazu liefert das Sankt Galler Management-Modell (SGMM):

Im Sankt Galler Management-Modell agiert eine laterale Führung nicht mehr entlang von Befehlsketten, sondern erreicht ihre Ziele durch Verständigung auf Augenhöhe. Parallel werden Führungsaufgaben von festen Positionen entkoppelt, sodass Mitarbeiter:innen operative Aufgaben und Führungsaufgaben situativ wechselnd übernehmen.

Literatur

Jochum E (2003) Laterale Führung und Zusammenarbeit. Der Umgang mit Kollegen. In: Rosenstiel L von (Hrsg) Führung von Mitarbeitern. Handbuch für erfolgreiches Personalmanagement. Schäffer-Poeschel, Stuttgart, S 429–439

Kotter JP (1990) Force for change: how leadership differs from management. Free Press, New York

Kühl S, Schnelle T, Schnelle W (2004) Führen ohne Führung. Harvard Business Manager 1:71–79

Luhmann N, Baecker D (2017) Einführung in die Systemtheorie. Carl Auer, Heidelberg

Rüegg-Stürm J, Grand S (2020) Das St. Galler Management-Modell. Management in einer komplexen Welt. UTB, Bern

von Foerster H, Pörksen B (2016) Wahrheit ist die Erfindung eines Lügners. Gespräche für Skeptiker. Carl Auer, Heidelberg

6

komm.passion – Eine Agentur erfindet sich neu

Zusammenfassung Seit 2014 arbeitet die Unternehmensberatung und Kreativagentur komm.passion in einem System, das die beiden Trendwellen rund um Effizienz und Agilität der letzten Jahre vereint. Dieses System bedient sich verschiedener Facetten, Aspekte und Methoden der bekannten Konzepte. komm.passion hat sich von einer klassischer Silo-Matrix zur lateralen Cloud entwickelt, in der sich alle Mitarbeiter:innen standortübergreifend und flexibel als Kreise rund um die Kundenprojekte oder internen Aufgaben organisieren. Im Zentrum steht das PO-System, denn jedes Projekt hat genau einen „Project Owner" – der für das Projekt verantwortlich ist, sein Team zusammenstellt und Aufgaben verteilt. Parallel dazu gibt es das Mentoren-System auf der HR-Seite. Denn Mitarbeiterführung- und entwicklung in lateralen Organisationen funktioniert nicht entlang disziplinarischer Führungslinien. Der dritte zentrale systemische Aspekt ist das Kompetenz-System, über das Wissen erhalten, verteilt und aufgebaut wird. Dieses Kapitel zeigt, wie das komm.passion-System im Detail funktioniert und was die Agentur seit 2014 bei ihrem Brückenschlag aus Effizienz und Agilität gelernt hat.

Die aktuelle Organisationswelt ist geprägt von den beiden Trendwellen der vergangenen Jahrzehnte. Flache Hierarchien und effiziente, zyklisch optimierte Prozesse zu haben, ist fast schon eine Selbstverständlichkeit; wer zeitgemäß erscheinen will, addiert noch eine mehr oder weniger ernst gemeinte Portion Agilität dazu. Radikale Versuche in Richtung hierarchiefreier Organisationen sind die Ausnahme und beschränken sich – wenn man den Pharmariesen Novartis ausklammert – fast immer auf mittelständische Unternehmen oder Einrichtungen vergleichbarer Größe. Noch seltener sind Versuche, den beschriebenen dritten Weg einer systemischen, lateralen Führung zu gehen, die agiles Empowerment und effiziente Entscheidungsstrukturen miteinander vereinbar macht.

Das von der Agentur komm.passion 2014 entwickelte und mittlerweile also seit gut sieben Jahren praktizierte Organisationsmodell ist vor diesem Hintergrund ein wichtiges Pionierprojekt, das die Chancen und Herausforderungen einer lateralen Organisation verdeutlicht (Peters 2018). Dies gilt umso mehr, als der Projektverlauf vom damaligen Mitarbeiter Michael Peters für seine Masterarbeit an der Donau-Universität Krems detailliert dokumentiert wurde. Anders als bei den meisten Fallstudien kann hier also über die Selbstdarstellungen der Organisation hinaus auf objektives Quellenmaterial zurückgegriffen werden, das nicht nur die Erfolge, sondern auch die Hürden eines solchen einschneidenden Change-Projektes angemessen beleuchtet. Wir danken Herrn Peters für die Zustimmung, seine Erkenntnisse für dieses Buch zu nutzen – vor allem dieses Kapitel wäre ohne seine Analysearbeit und seine zahlreichen Mitarbeiterinterviews deutlich oberflächlicher ausgefallen.

6.1   Von der Silo-Matrix zur lateralen Cloud

komm.passion versteht sich als Synthese aus Unternehmensberatung und Kreativagentur, hat also den Anspruch, sowohl die Kompetenz für fundierte Problemanalysen und Lösungsstrategien als auch ein komplettes Instrumentarium für PR, Werbung und Multi-Channel-Marketing zu vereinen. komm.passion entsteht im Jahr 2000, gegründet von Prof. Dr. Alexander Güttler. Zunächst konzentriert sich komm.passion vom Standort Düsseldorf aus auf anspruchsvolle Kommunikationsberatung in den Bereichen Change & Identity sowie Issue- und Krisenmanagement, fast von Beginn an kommt auch ein Schwerpunkt im Bereich Health hinzu. Von Beginn an gilt die Devise: Pragmatismus vor Ideologie. Die Agentur ist mit diesem Konzept erfolgreich, erkennt aber, dass weiteres Wachstum im krisenbelasteten konjunkturellen Umfeld sowohl inhaltlich als auch räumlich eine breitere Aufstellung erfordert. Daher entwickelt sich die Agentur weiter, erschließt neue Kompetenzen, baut Personal auf und positioniert sich nach und nach als Full Service-Anbieter für Kommunikation und Beratung. Als Standorte werden auf Dauer Düsseldorf, Berlin und Hamburg zum Zuhause von komm.passion. Zusätzlich wird ein internationales Netzwerk von Partneragenturen aufgebaut, über das die Agentur weltweit aktiv ist. Auf dieser verbreiterten Basis wächst komm.passion zu einer der führenden unabhängigen Kommunikationsagenturen Deutschlands heran und wird vielfach ausgezeichnet, unter anderem 2005 als PR-Agentur des Jahres – schon damals wegen der eher ungewöhnlichen Verbindung aus Organisationsberatung und Kommunikation bzw. Kreation.

Organisatorisch ist komm.passion bis 2014 klassisch hierarchisch aufgestellt (siehe Abb. 6.1). Die Hierarchie umfasst dabei von der Geschäftsführung bis herunter zur Assistenz fünf Stufen, die nach innen potenzielle Karriereschritte vorgeben und sich nach außen in unterschiedlichen Tagessätzen widerspiegeln. Das breite Leistungsangebot der Agentur wird in einer komplexen Matrixorganisation strukturiert. Neben Corporate Communications und Brand Communications, die als Kerngeschäft verstanden werden, umfasst die Angebotspalette noch die vier Spezialitäten Advanced Technologies, Finance Communications, Public Affairs und Health Care. Als Querschnittsfunktionen arbeiten diesen Themenfeldern die Leistungsbereiche Consulting, Design, Online und Communication zu, in denen die gesamte Palette der Einzelleistungen erbracht wird. Eine noch höhere Komplexität der Matrix wird nur vermieden, weil die Units der Geschäftsfelder jeweils einem Standort zugeordnet sind. Jede dieser Units verfügt über eine eigene Stablinienorganisation und eine eigene kaufmännische Administration, die an die Zentrale berichtet. Die Querschnittsfunktionen werden von den Units als interne Dienst-

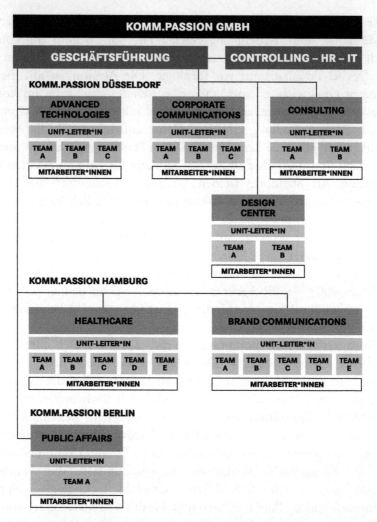

Abb. 6.1 Das alte KP-Modell. (© komm.passion 2022. All Rights Reserved)

leister gebucht, unitübergreifende Leistungen werden agenturintern in Rechnung gestellt.

Bis zum Jahr 2008 wächst komm.passion in dieser Aufstellung. Die Wirtschaftskrise von 2008/2009 wird mit leicht verkleinerter Mannschaft überstanden. Ab 2011 beginnen allerdings die Negativeffekte der traditionellen Organisationsstruktur Folgen zu zeigen. Die Abschottung der Units gegeneinander sorgt für eine ungleichmäßige Arbeitsbelastung, weil Arbeitsspitzen in herausfordernden Projekten nicht durch Unterstützung von anderen, gerade mäßig ausgelasteten Teams abgefedert werden. Ähnlich problematisch ist der Umgang mit Wissen, das silotypisch als Basis für den Erfolg der Einzelunit gehortet wird. Hinzu kommen Schwächen im Bereich Human Resources. Nachwuchs wird nicht systematisch aufgebaut, zudem wird eine Positionierung als attraktive Employer Brand vernachlässigt. Die Folge ist eine topplastige Hierarchie, in der zu viele Aufgaben von teuren Führungskräften erledigt werden müssen, weil es nicht genug Mitarbeiter:innen auf den unteren Hierarchieebenen gibt. Es ist also kein Wunder, dass die Pro-Kopf-Umsätze unter dem Branchendurchschnitt liegen und die Attraktivität der Agentur sowohl bei der Anwerbung von Talenten als auch bei der Akquisition neuer Aufträge leidet. Bis 2013 wird immer deutlicher, dass komm.passion erheblichen Nachholbedarf auf zahlreichen Baustellen hat. Entscheidendes Hindernis für die Erreichung der hochgesteckten Agenturziele ist dabei die starre Organisationsstruktur mit ihren Silos und einer beraterzentrierten Hierarchie, die exzellente Spezialisten- und Kreativleistungen nicht angemessen würdigt. Konsequenz dieser Erkenntnis ist die Entscheidung der Geschäftsführung, die Restrukturierung der Agentur nicht als Flickenteppich von Einzelmaßnahmen zu konzipieren, sondern eine radikal neue Organisationsstruktur aufzubauen, die exakt auf die speziellen Anforderungen von komm.passion zugeschnitten ist. Ausgangspunkt ist dabei eine lateral geführte Organisation, die überall dort auf Werkzeuge aus der Lean- und Agilitätswelt zurückgreift, wo dies Sinn macht. Es entsteht ein völlig neues Organisationsmodell (siehe Abb. 6.2).

6.2 Arbeitsorganisation – Das PO-System

Im Januar 2014 werden bei komm.passion die Weichen für einen grundlegenden Neustart gestellt. Hierfür werden zunächst die Units vollständig abgeschafft, da sie die Wurzel fast aller beobachteten Probleme sind. Darüber hinaus wird auch die Hierarchie der Agentur

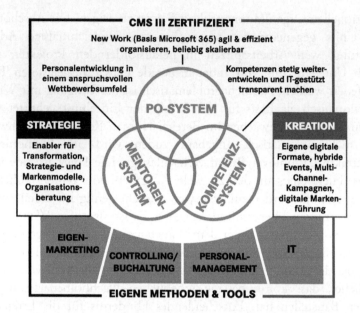

Abb. 6.2 Das kom.passion-Modell. (© komm.passion 2022. All Rights Reserved)

durchforstet und von festen Rollendefinitionen auf ein flexibleres, reduziertes Modell umgestellt.

Im Zentrum der Agentur bleibt die Geschäftsführung erhalten – dies ist ein erstes, Indiz dafür, dass im neuen Agenturkonzept Führung weiterhin ein wichtiger Faktor sein wird. Darüber gibt es weiterhin eine Reihe von Querschnittsfunktionen wie Personal, Controlling, Buchhaltung, IT oder Eigenmarketing, auf die agenturweit zugegriffen werden kann. Um diesen Kern herum sind Rollen aber nur noch situativ definiert. Feste und freie Mitarbeiter:innen sind nicht mehr einzelnen Standorten oder Units zugeordnet, sondern bilden eine Cloud, die sich nur innerhalb eines Projekts – und selbst dort nur innerhalb festgelegter Inkremente – zu Teams verfestigt.

Kern dieses Kristallisationsprozesses ist der Project Owner (PO). Dies klingt sehr nach Scrum und hat tatsächlich eine hohe Ähnlichkeit mit diesem Standardmodell agiler Arbeit. Wie im Scrum ist der PO nach innen für Organisation sowie Kostenplanung und damit letztlich für den wirtschaftlichen Erfolg des Etats zuständig. Er steuert den Prozess, verantwortet Inhalte und Budget. Diese Fokussierung bringt für komm.passion einen zusätzlichen Vorteil, weil sie Administration und Kreativleistung entkoppelt. Es gibt allerdings einen entscheidenden Punkt, an dem sich der PO bei komm.passion vom Product Owner im Scrum unterscheidet. Obwohl er nicht ganz korrekt als Project Owner bezeichnet wird, ist der PO nicht nur für ein Projekt, sondern für einen gesamten Etat, sprich alle Projekte eines Kunden zuständig. Er übernimmt damit nach außen die Rolle eines Key Accounters, der als festes Gesicht den Kontakt zum Kunden hält und dessen kommunikationstypisch volatiles Feedback ins Team spiegelt. PO kann bei komm.passion, abhängig von der Komplexität des Projekts, jede:r sein, vom Geschäftsführer bis hin zum Trainee, der auf dieser Baustelle dann wirklich die Chance zum Trainieren bekommt. Es ist dementsprechend keine Ausnahme, sondern aktiv geförderte Realität, wenn eine energische Juniorberaterin den CEO auf ihrem Projekt bucht, ihn für seine Aufgabe brieft und erwartet, dass ihre Terminvorgaben eingehalten werden. Von einem basisdemokratischen Abenteuerspielplatz ist das PO-System allerdings weit entfernt. Wer PO auf einem Etat sein darf, wird nicht im Konsent verhandelt, sondern im inneren Führungszirkel festgelegt, damit wichtige Kunden nicht aus der Lernkurve von Nachwuchstalenten fliegen und – mindestens ebenso wichtig – diese Hoffnungsträger durch kaum zu schulternde Herausforderungen in den Burnout getrieben werden. Je nach Größe und Komplexität eines Projekts, kann der PO auch „Sub-POs" benennen. Diese sind für einzelne Arbeitspakete, Themen oder geschlossene Arbeitsstränge innerhalb eines Projektes zuständig und berichten direkt an den PO.

Dem PO steht auf jedem Etat ein Supervisor (SV) zur Seite, eine Rolle, die sich deutlich von der eines Scrum Masters unterscheidet. Während dieser als Scrum-Profi ausschließlich dafür sorgt, dass die Prozesse im Projektteam nach den Vorgaben des Agilitätskonzepts ablaufen, ist der SV auf allen Ebenen des Etats vom Kundenkontakt über die Qualitätssicherung bis hin zur wirtschaftlichen Steuerung des Etats involviert. SV ist in der Regel eine erfahren:e Mitarbeiter:in, die den PO mit ihrer Kompetenz unterstützt, die Qualität von Präsentationen und Leistungen nach dem Vier-Augen-Prinzip sichert und im Etat ein:e zweite:r Ansprechpartner:in für den Kunden ist. PO und SV bilden auf dem Etat ein festes Team. Das Verhältnis beider Rollen ist dabei nicht hierarchisch, sondern eher als Coaching und Sparring angelegt. Der SV hat also keine Weisungsbefugnis gegenüber dem PO, sondern muss seine Position gegebenenfalls lateral, sprich mit kommunikativen Instrumenten durchsetzen.

Dritte Rolle im System ist die Mitarbeiter:in (MA). Hier ist das Unternehmen extrem flexibel. Während es bei PO und SV eine klare Etatzuordnung und eine persönliche Einzelverantwortung gibt, können auf einem Etat mehrere Mitarbeiter:innen langfristig oder kurzfristig aktiv sein. Auch hierarchisch gibt es keine Einschränkung – wie schon beschrieben kann auch ein Mitglied der Geschäftsführung die Rolle des MA einnehmen. Vielleicht entscheidendster Punkt ist, dass die vom MA zu erbringende Leistung zwischen PO und MA fast wie in einem informellen Dienstleistungsvertrag frei verhandelt wird. Über Ziele, Methoden und Timings wird dabei ein Konsens hergestellt, mit dem der PO plant und an dem sich der MA in der Projektsteuerung messen lassen muss. Hier räumt das System (siehe Abb. 6.3) also eine hohe Eigenverantwortung ein, die mit der Verpflichtung gekoppelt ist, freie Kapazitäten anzubieten oder Projektprobleme durch nicht abgedeckte Aufgaben zu kommunizieren.

6.3   Rollenentwicklung

Während das System mit den drei genannten Rollen – PO, SV und MA – gestartet ist, wurde nach drei Jahren eine weitere Rolle eingeführt: Creative Director (CD). komm.passion hatte zur Einführung der neuen Arbeitsweise schon Kolleginnen und Kollegen, die sich ausschließlich mit Kreation und Design beschäftigten, diese wurden allerdings immer „nur" als MA auf Projekte gebucht. Mit einem deutlichen Ausbau der eigenen Kreation, inklusive Film, Digital und Text, sowie immer größeren Kreativprojekten war diese Konstellation auf Projektebene aber nicht mehr ausreichend. Neben dem inhaltlich- und budgetär verantwortlichen PO hat der CD daher auf Projekten die Verantwortung über die Kreation. Auf allen Projekten, auf denen

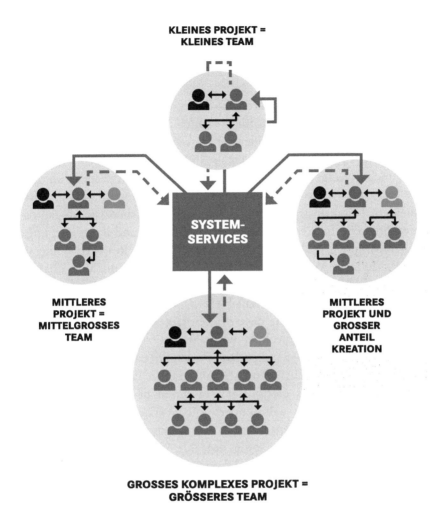

KLEINES PROJEKT =
KLEINES TEAM

SYSTEM-
SERVICES

MITTLERES
PROJEKT =
MITTELGROSSES
TEAM

MITTLERES
PROJEKT UND
GROSSER
ANTEIL
KREATION

GROSSES KOMPLEXES PROJEKT =
GRÖSSERES TEAM

= PO   = SV   = CD   = MA   ⇢ = Reported   ➡ = Stellt Services bereit

Abb. 6.3   Das PO-System vom komm.passion. (© komm.passion 2022. All Rights Reserved)

Kreativleistungen gefordert sind, ist diese Rolle vergeben. Der CD befindet sich dabei auf Augenhöhe mit PO und SV und leitet zum Teil weitere Mitarbeiter:innen aus der Kreation an. So haben alle zentralen Bereiche eines Projektes genau eine:n klare:n Verantwortliche:n:

- PO: Prozesse, Inhalte und Budget
- SV: Strategische Ausrichtung
- CD: Kreation

Mit der Implementierung der CD-Rolle wuchs eine weitere Erkenntnis, die dem System hinzugefügt wurde: Nicht alle Kolleginnen und Kollegen haben das Talent oder die Lust auf den PO-Job. So wird beispielsweise ein:e Kreative:r niemals PO auf einem Etat werden, ist aber nicht weniger wichtig. Daher begann komm.passion im Laufe der Zeit im System zwischen Fach- und Führungskräften zu unterscheiden. Denn in der Praxis sortieren sich Menschen wie überall nach ihren Stärken, ihrer Erfahrung, ihrer Ausbildung und ihren Neigungen. Generalist:innen finden sich eher in der Rolle des PO wieder und sind dann mit ihrer Verantwortung für Organisation und Wirtschaftlichkeit gründlich ausgelastet. Sie müssen Entscheidungen treffen, Prozesse organisieren, inhaltlich am Ball bleiben, Team und Kunde bei Laune halten und dafür sorgen, dass der Einsatz an Ressourcen dem entspricht, was auch abgerechnet wird. Spezialist:innen wären in dieser Rolle fehlbesetzt und in aller Regel auch kreuzunglücklich. Sie entfalten ihr Potenzial nur, wenn sie punktgenau eingesetzt werden und genau das ermöglicht das PO-System ihnen deshalb auch. Während die Führungskräfte als „Allrounder" mit gewissem Organisationstalent die PO-Rollen ausfüllen oder in sie hineinwachsen, konzentrieren sich Fachkräfte also vollständig auf ihre Spezialdisziplin und ihren Kompetenzbereich. Das gilt nicht nur für Kreative, sondern zum Beispiel auch für Kolleginnen und Kollegen mit anderem Spezialwissen, die übergreifend als Expertinnen und Experten auf Projekte gebucht werden – zum Beispiel im Bereich Medical Writing oder auch Digital Performance. Auch Kolleg:innen, die in der klassischen Beratung zu Hause sind, können sich auf eine Spezialdisziplin und die Rolle der Fachkraft beschränken, wenn ihnen der PO-Job nicht liegt. Beide Karrierewege und Rollen werden dabei identisch behandelt, mit gleichen Aufstiegschancen und gleichem Gehaltsniveau.

So unterscheidet sich komm.passion drastisch von einer klassischen Agentur in der der:die Spezialist:in schlechte Karten hat. Attraktive Gehälter und Gestaltungsfreiräume sind Positionen mit Kundenkontakt, Etat- und Führungsverantwortung vorbehalten und damit eine Domäne für ausgewiesene Rampensäue. Wer als stille Maus lieber hinter der Bühne lebt, bleibt meist in den unteren Etagen des Organigramms hängen oder sucht sich eine lukrativere Karriere als Freelancer. In der neuen Struktur sind Generalist:innen und Spezialist:innen absolut gleichwertig. Bei komm.passion verdient der geniale Solitär also mitunter genauso viel – oder sogar mehr – als der PO eines großen Etats.

6.4   Rollenwechsel

Zentrales Prinzip hinter dem PO-System ist der Rollenwechsel. Dieser ermöglicht die flexible und kurzfristige Nutzung von Kapazitäten ebenso wie den Respekt vor wechselnden Hierarchien. Konkret bedeutet Rollenwechsel, dass jede:r Mitarbeiter:in im Normalfall mehr als eine Rolle pro Tag ausübt. Max Mustermann kann als Berater bei komm.passion beispielsweise in drei Projekten eingebunden sein: Auf einem mittelgroßen Projekt ist er PO, verantwortet den Etat, verteilt Arbeitsaufträge und hält den Kundenkontakt. Auf einem großen Projekt ist er als MA eingebunden, erhält selbst Arbeitsaufträge und Timings. Und auf einem kleinen Projekt darf Max Mustermann erste SV-Erfahrung sammeln, kümmert sich mit einem jungen PO um wichtige strategische Fragestellungen und steht für Sparring zur Verfügung. So wie Max Mustermann geht es fast allen Kolleg:innen in der Agentur, was zu unzähligen Konstellationen in der Zusammenarbeit führt. Das Ergebnis dieser Konstellationen ist gegenseitiger Respekt untereinander sowie Respekt vor dem System. Weil alle (die PO-Jobs machen wollen) mal Ansagen machen, aber auch mal zuarbeiten müssen, werden Hierarchien im Projektalltag flexibilisiert und Eitelkeiten abgebaut. Es ist gelebte Realität und Normalität, dass ein Director oder ein Mitglied der Geschäftsführung auf täglichen Projekten in der Mitarbeiterrolle beispielsweise einer Junior Beraterin zuarbeitet. Was in anderen Organisationen und Strukturen undenkbar ist, wird somit zur Normalität. Und Hierarchie-Level werden im Tagesgeschäft flexibel entkoppelt. Durch diesen Rollenwechsel wird auch die flexible Verteilung von Kapazitäten möglich. Die Frage ist nur: Wie? Denn durch die Agilisierung der Arbeit weiß niemand mehr auswendig, wer in welchen Rollen mit wie viel Zeiteinsatz auf welchen Projekten arbeitet.

6.5   Kapazitätsplanung – Ein Basar für Mitarbeiter:innen

Wie beschrieben haben alle Mitarbeiter:innen die Pflicht, freie Kapazitäten anzubieten. Und diese Pflicht ist Teil einer wöchentlichen Routine. Durch die ständige Kommunikation des aktuellen Kapazitätsstandes ergibt sich die Verzahnung des PO-Systems mit einer weiteren entscheidenden Neuerung bei komm.passion. In der alten Struktur legte immer ein Teil der Mitarbeiter:innen vollbezahlt die Füße hoch, während im Nachbarbüro teure Überstunden geschoben wurden und sich die Stimmung dem Gefrierpunkt näherte. In der neuen Struktur werden Kapazitäten wöchentlich wie an der Börse gehandelt – intern wird das System gerne als Mischung aus Völkerball und orientalischem Basar bezeichnet. Jeden Freitag melden die POs aller Projekte ihren Bedarf für die kommende Woche an, der dann auf einer vom Kanban inspirierten Kapa(zitäts)-Tafel zusammengeführt wird. Es geht also darum, wer welche Mitarbeiter:innen mit welchen Kompetenzen für wie lange braucht. Die buchbaren Zeiträume sind dabei pragmatisch in Halbtagsblöcke gequantelt. Am Montag findet eine unternehmensweite Videokonferenz statt, bei der die tatsächliche Verteilung der Kapazität in aller Transparenz und Freundschaft ausgehandelt wird. Entscheidend sind dabei der tatsächliche Bedarf und der Nutzen für die gesamte Agentur. Ressourcen abzugreifen, um seine Macht auszubauen – ein Grundmuster für den Grabenkrieg von Silos – ist in der neuen Struktur keine Option mehr. Wenn es bei diesem Konzept einer selbstorganisierenden Cloud einmal knirschen sollte, sind auch die Geschäftsführer:innen – in monatlich wechselnder Verantwortung – an Bord, um Konflikte zu deeskalieren und Lösungen zu finden. Im Idealfall ist schließlich am Ende der Konferenz jeder Bedarf abgedeckt und möglichst wenig freie Kapazität übrig.

Dieser agenturweite Wochencall zum Start war zu Beginn des Changes nur wenigen POs vorbehalten und fand hinter verschlossenen Türen statt. Dies wurde einem agilen System mit Anspruch auf Transparenz aber keinesfalls gerecht und wurde daher schon bald ausgeweitet. Der Grund ist simpel: Wenn theoretisch jede:r kurzfristig in eine PO-Rolle rutschen kann, muss auch jede:r wissen, welche Projekte laufen, welche Mitarbeiter:innen Zeit haben und was möglicherweise als Neugeschäft wartet.

Apropos Neugeschäft: Neben der Kapazitätsplanung wird auch die Koordination des Neugeschäfts aus den Rivalitäten der Units befreit. Die Frage, um welche Etats gepitcht wird und wie mit Auftragsanfragen umgegangen werden soll, wird ab einer gewissen Größenordnung zentral in der Geschäftsführung beantwortet. Welcher Umfang an Aufträgen bearbeitet wird und welches Profil sich aus der Summe der Aufträge entwickelt, ist also kein Zufallsergebnis von Machtspielen der Unitleiter:innen mehr, sondern kann agenturübergreifend von der Geschäftsführung gesteuert werden. Unter dem Strich entsteht mit PO-System und zentraler Kapazitätsplanung also ein System, das dem Einzelnen mehr Eigenverantwortung und Freiheit einräumt, gleichzeitig aber eine effizienzorientierte, strategische Führung der Agentur ermöglicht.

6.6   IT – Wissensmanagement in einer virtuellen Agentur

In Corona-Zeiten ist es der Wirtschaft – anders als behäbigen staatlichen Organisationen – relativ schnell gelungen, die Arbeit von festen Büroarbeitsplätzen zu entkoppeln. Zoom-Konferenzen und der Zugriff auf Daten aus der Cloud sind Alltag geworden und damit auch die Möglichkeit, räumlich verteilte Teams virtuell zusammenarbeiten zu lassen. komm.passion musste diese Aufgabe allerdings einige Jahre früher bewältigen, um das Prinzip der zentralen Kapazitätsplanung über drei Standorte hinweg realisieren zu können. Hierfür war es zunächst nötig, die bisher standortbezogene Serverstruktur aufzulösen und durch eine zentrale Datenspeicherung abzulösen. Die technische Seite dieser Maßnahme ist vergleichsweise einfach zu realisieren. Inhaltlich bedeutet der Umbau allerdings, dass Daten aus unterschiedlich strukturierten Dateisystemen migriert und in einem neuen, einheitlichen System zusammengeführt werden müssen. Ist dies für den Altbestand an Daten bewältigt, müssen alle Mitarbeiter:innen geschult werden, damit neue Daten zuverlässig systemgerecht abgelegt werden. Dies ist in einer Agentur wesentlich mehr als eine bürokratische Pflichtübung, denn im branchenüblichen Zeitdruck ist es entscheidend, das richtige Dokument zielsicher finden zu können und dem Kunden nicht etwa eine Version zu präsentieren, die er schon letzte Woche zerrissen hat. Von der neuen Struktur wurde zusätzlich verlangt, dass sie online verfügbar ist, denn ein Großteil der Arbeit fand vor Corona unterwegs auf dem Laptop statt. Gegenwärtig wird zwar weniger in Hotel und ICE gearbeitet, dafür aber umso häufiger im Home Office. Für beide Aufgaben stehen alle Daten im komm.passion-Sharepoint über Office365 zur Verfügung, was es ermöglicht, Dokumente herunterzuladen, zu teilen und wieder abzuspeichern.

Daten strukturiert abzulegen und sie zuverlässig wiederfinden zu können, ist nicht trivial. Letztlich geht es aber um eine viel umfassendere und wichtigere Aufgabe, nämlich um das Wissensmanagement einer Agentur. Hier wird in den Projekten häufig umfassendes Know-how aufgebaut, ebenso häufig wechselt in der dynamischen Kommunikationsbranche der:die betreffende Spezialist:in aber seinen Arbeitgeber und nimmt sein Wissen mit. Für komm. passion war es also wichtig, das eigene, mit den Jahren unüberschaubar gewordene, Know-how zu systematisieren, um es im Zugriff zu haben und systematisch weiterentwickeln zu können. Basis dafür ist ein Archiv, in dem alle bearbeiteten Projekte standardisiert als Cases gespeichert werden. Dies ermöglicht es, auf Best Practices aus der Vergangenheit zurückzugreifen und im Neugeschäft passende Referenzen präsentieren zu können.

Noch besser ist es allerdings, wenn die Cases nicht nur auf der Festplatte, sondern auch in den Köpfen der Mitarbeiter:innen präsent sind. Hierfür wurde bei komm.passion das sogenannte „Brainburger"-Format ins Leben gerufen. Bei dieser wöchentlichen, agenturweiten

Videokonferenz stellen wechselnde Mitarbeiter:innen ein Projekt oder Neuigkeiten aus ihrem Tätigkeitsfeld vor. Auf diese Weise wird das Informationsgefälle zwischen den ehemaligen Units allmählich beseitigt und ein Kommunikationskanal jenseits der aktuellen Teamkonstellationen institutionalisiert.

Eine wichtige Rolle auf dem Sharepoint spielen auch die administrativen und organisatorischen Hilfestellungen in Projekten. Hier kommt dem „komm.passion-Wiki" eine besondere Bedeutung zu. Per einfacher Schlagwort-Suche finden Mitarbeiter:innen hier alle Vorlagen, Templates und Anleitungen, die sie brauchen: Von Prozessabläufen und Briefing-Vorlagen bis hin zu Formularen für Reisekostenabrechnungen und Kontakte zu ausgewählten Freelancern.

Ein dritter Baustein für das Wissensmanagement sind Kompetenzteams, die mit für ein Arbeitsgebiet spezialisierten Mitarbeiter:innen besetzt sind. Ihre Gründung basiert auf der Erkenntnis, dass die Agentur das Potenzial von Spezialist:innen außerhalb der klassischen Beraterschiene stärker nutzen sollte. Theoretisch sind bei der wöchentlichen Kapazitätsplanung alle Mitarbeiter:innen gleich, wie in der Rollenentwicklung beschrieben wird aber zwischen Fach- und Führungskräften unterschieden. Fachkräfte bzw. Spezialist:innen sind exakt die Richtigen, um Wissen zu systematisieren, weiterzuentwickeln und in nutzbarer Form zu dokumentieren. Über die ohnehin fest organisierten Querschnittsfunktionen hinaus hat komm.passion daher Teams aufgebaut, die den PO bei Aufgabenstellungen wie Analyse, Strategie, Kreation, Healthcare, Change, Digitales, Design oder Employer Branding punktgenau unterstützen. Das Rad muss damit nicht bei jedem Wechsel der Teamzusammensetzung neu erfunden werden.

Letzter wichtiger Punkt im System und im Wissensmanagement ist die Qualitätskontrolle. Diese erfolgt über verschiedene Wege. Einer dieser Wege ist die direkte und operative Qualitätskontrolle auf Projekten: Diese liegt häufig bei SV oder den Spezialist:innen, die im Vier-Augen-Check Inhalte, Präsentationen und Dokumente des PO gegenprüfen und Feedback geben. Für Konzepte und Pitch-Präsentationen gibt es sogar eine eigens geschaffene Rolle: Eine Person, die nicht Teil des Projektteams ist und zwei bis drei Tage vor Abgabe oder Präsentation eines Konzepts als Sparrings-Partner:in angefragt wird. Die Aufgabe: Das Konzept auf Stringenz überprüfen und mögliche Logik-Fehler erkennen und anmerken. Weiterer wichtiger Baustein des Qualitätsmanagements ist das offene und transparente Ansprechen und Teilen von Dingen, die „schief gelaufen sind". Entweder in der gesamten Agenturgruppe oder innerhalb der Kompetenzteams. Wer Fehler macht, steht nicht am Pranger, sondern soll aktiv dabei helfen, anderen ähnliche Fehler zu ersparen.

6.7 Human Resources – Mentor:innen und Mentees

Klassische Hierarchien haben viele Nachteile. In einem Punkt sind sie aber unschlagbar transparent. Jeder weiß, an wen er berichtet, von wem er im Gegenzug geführt wird und in welchen Stufen der persönliche Karriereweg verläuft. Reißt man diese Pyramide ein, entsteht ein Vakuum, das besser rasch gefüllt werden sollte. Idealistische Systeme, in denen alle das Gleiche bekommen oder Geld angesichts einer vollkommenen Selbstverwirklichung in der Arbeit keine Rolle mehr spielt, kollidieren zwangsläufig mit einer Gesellschaft, die nach marktwirtschaftlichen Spielregeln funktioniert. Mindestens ebenso wichtig wie die Zahlen auf dem Gehaltskonto sind psychologische Komponenten. Menschen wollen vorwärtskommen, neue Fähigkeiten erlernen und ihre gewachsene Leistung dann auch angemessen honoriert bekommen. Dies gilt insbesondere für die Hoffnungsträger im Unternehmen. Wenn die Karriere in Sackgassen feststeckt, wenn Fähigkeiten nicht abgerufen werden oder überragende Arbeitsergebnisse sich nicht in Anerkennung und Entlohnung widerspiegeln, springen genau die Mitarbeiter:innen als erste ab, die man gerne behalten hätte. Notorische Underperformer wachsen dagegen widerspruchslos an ihren Sesseln fest.

Nach der Auflösung der Unitstruktur war es für komm.passion also klar, dass jede Komponente des neuen Systems auch einen HR-Aspekt hat, der in einem neuen Konzept für das Personalmanagement berücksichtigt werden muss. Dies ist umso wichtiger weil in einer Kommunikationsagentur die Mitarbeiter:innen tatsächlich Dreh- und Angelpunkt der Leistungsqualität sind. High Potentials einzustellen, zu entwickeln und zu binden ist für komm.passion also ein zentraler Erfolgsfaktor. Zeitlich wurde der Aufbau des neuen Human Resources-Konzepts um einige Monate versetzt angegangen, damit die Mitarbeiter:innen nicht durch zu viele Neuregelungen auf einmal überfordert werden.

Erster Baustein des neuen Führungs- und Entwicklungsmodells ist der Aufbau eines Mentorensystems, das die eher projektbezogenen Rollen von PO und SV um eine weitere, personenbezogene Rolle ergänzt. Bis auf die Geschäftsführer:innen ist jede:r Mitarbeiter:in in der Agentur eine:r Mentor:in zugeordnet, die ihn oder sie dauerhaft begleitet. Auf diese Weise sollen starke Zweierbeziehungen mit einer erfahrenen und für ihre Aufgabe ausgebildeten Kolleg:in aufgebaut werden. Aufgabe der Mentor:in ist es, ihren Mentee in Absprache und mit Einbindung der zuständigen Geschäftsführer:in zu fördern und zu entwickeln. Die persönliche Zielstellung des Mentee soll dabei reflektiert und analysiert werden, um dann Schritte zu vereinbaren, mit denen diese Zielstellung erreicht werden kann. Gemeinsam vereinbarte Maßnahmen werden dann von Mentor:in und Mentee kontinuierlich verfolgt. Die Mentor:in führt mit ihrem Mentee mindestens zwei Gespräche pro Jahr, bei denen obligatorisch ein 360°-Feedback von Kolleg:innen, Kunden und Geschäftspartner:innen auf der Aufgabenliste steht. Auf dieser Basis werden neben der Entwicklungsperspektive auch der Weiterbildungsbedarf und natürlich auch die Vergütung diskutiert. Ein disziplinarisches Vorgesetztenverhältnis entsteht dabei aber ausdrücklich nicht. Die Mentor:in nimmt beispielsweise keinen Einfluss auf die Kapazitätsverteilung und führt mit lateralen Mitteln, vergleichbar mit einem Coach.

Neben dieser Mentee-Mentor:innen-Beziehung gibt es aber auch „sichtbare" Entwicklungsstufen. Wie in so vielen anderen Agenturen oder Beratungen gibt es auch bei komm.passion die unterschiedlichen „Hierarchie-Stufen" oder „Levels" von Trainee und Junior:in über Berater:in und Senior-Berater:in bis hin zum Director-Posten. In dieser Doppelstruktur können also auch konventionelle Aufstiegswünsche befriedigt werden. Weitere Gründe für diese Doppelstruktur sind die Gehaltsstufen innerhalb der Agentur, die sich dann entsprechend auch in Kundenprojekten wiederfinden. Dabei gilt: Je komplexer das Projekt, desto „senioriger" der PO. Letzter Grund für die konventionellen Aufstiegschancen sind die Employability der Mitarbeiter:innen und die Vergleichbarkeit im Markt.

Bei der Umsetzung des Mentorensystems zeigt sich ein wichtiger Nebeneffekt der zentralen Kapazitätsplanung. In den montäglichen Kapazitätskonferenzen wird völlig transparent, wie ausgelastet ein:e Mitarbeiter:in ist und für welche Aufgabenstellungen sie gebucht wird. Wenn bestimmte Menschen mit etwaigen Kompetenzen oder bestimmten Profilen ständig „überbucht" sind, bekommt HR einen konkreten Hinweis, wo personell nachgelegt werden muss, um habituelle „Überleister" vor Burnout zu schützen. Wer dagegen beim Kapa-Basar gewohnheitsmäßig übrigbleibt, sollte beim Feedback-Gespräch mit seine:r Mentor:in konkrete Lösungsansätze diskutieren, um Schwächen auszubessern oder häufig auch Weiterbildungen anzustoßen. Auch hier zeigt sich also die Stärke des lateralen Systems, das individuelle Entwicklungsperspektiven fördert und gleichzeitig eine effizienzorientierte Führung erleichtert.

Inhaltlich erhält die Personalentwicklung ein Fundament durch die komm.passion Academy, welche jährlich 12–16 Seminare anbietet. Die Academy existierte bereits in der alten Struktur, wird aber nun um spezifische Seminare für die Aus- und Weiterbildung von PO und Mentor:innen erweitert. Hinzu kommen externe Seminarangebote sowie die Ermöglichung von berufsbegleitenden Studiengängen. Gerade die letzte Option schafft eine Win-Win-Situation, in der sich Mitarbeiter:innen akademisch weiterqualifizieren und im Gegenzug langfristig an die Agentur gebunden werden.

Hinzu kommt eine grundlegende Umstellung der Incentivierung. In der Unit-Struktur wurde individuelle Leistung und damit (Bereichs-) Egoismus belohnt. Die neue Struktur setzt noch deutlicher auf die Belohnung von Engagement, allerdings bezogen auf die Gesamt-leistung der Agentur. Damit zahlt sich Egoismus nicht mehr aus, ganz im Gegenteil lohnt es sich deutlich stärker, Wissen zu teilen und am gemeinsamen Erfolg mitzuarbeiten. Ein relevanter Teil des Ergebnisses wird an die Mitarbeiter:innen ausgeschüttet. Vom Junior bis zum CEO hängt der Bonus dabei voll und ungedeckt vom erreichten Jahresergebnis ab. Es ist seit Einführung des Systems eher die Regel als die Ausnahme, dass sich das Einkommen durch den Bonus deutlich erhöht. Wer sich unter den gnadenlos entlarvenden Scheinwerfer der Kapazitätsplanung stellen mag, findet in komm.passion also wohlmöglich den passenden Arbeitgeber. Rosinenpicker, Blender und Gewohnheitstiere suchen dagegen schon bald freiwillig das Weite.

6.8   Implementierung – Eine steile Lernkurve

Aus wirtschaftlicher Perspektive ist ein Resümee der Neustrukturierung von komm.passion sehr einfach zu ziehen. Die Agentur hat seit 2014 ihre Umsätze kontinuierlich gesteigert und erreicht bei Umsatz und Ergebnis ein ganz neues Niveau, das dem klassischer Unternehmensberatungen gleicht. Die Effizienz der Organisation ist deutlich gestiegen, obwohl die konkrete Projektarbeit an agil gesteuerte Teams übergeben wurde. Gleichzeitig ist auch die Kreativität der Leistungen gewachsen, was durch die größte Zahl an Branchenpreisen seit Agenturgründung honoriert wird. komm.passion hat sich einen festen Platz im Top 20-Ranking der deutschen Kommunikationsagenturen gesichert und liegt in spezifischen Kreativitätsrankings noch deutlich höher. Der angestrebte laterale Brückenschlag zwischen straffer Führung und individuellem Empowerment ist also offensichtlich gelungen. Dabei werden Machtverhältnisse und Führungsaufgaben im Projektalltag völlig flexibilisiert. Dies wird auch von außen anerkannt und zeigt sich in immer größeren und komplexeren Projektaufträgen.

Intern war der Weg zu diesem Erfolg aber alles andere als mühelos. Die systemische Resilienz etablierter Organisationsstrukturen hat sich auch bei diesem Pionierprojekt der Kommunikationsbranche bemerkbar gemacht und ein erhebliches Maß an Nachsteuerung erfordert. Hierbei wurden wertvolle Erfahrungen gemacht, die sich auch auf andere Projekte übertragen lassen.

Im Bereich Unternehmensentwicklung hat sich vor allem die neue Systematisierung des Wissensmanagements als wichtiger Erfolgsfaktor herausgestellt. In der alten Struktur wurde Spezialist:innenwissen in den Silos der Units gebündelt. Dadurch wurde es zwar vom Rest der Agentur abgeschottet, sorgte unitintern aber für Synergien. In der neuen Struktur mit ihrer flexiblen Kapazitätsverteilung ist es häufig der Fall, dass ein PO mit Aufgaben konfrontiert wird, bei der er oder sie weder Vorerfahrung besitzt noch die passenden Spezialist:innen in der Agentur kennt. Hier hilft das Case-Archiv in der Cloud, zeitnah auf Stand zu kommen. Noch wichtiger sind allerdings die Kompetenzteams, welche das Spezialist:innenwissen der Units lebendig halten und den PO unterstützen. Um die Kompetenzen der einzelnen Mitarbeiter:innen deutlich zu machen, befindet sich auch eine Sharepoint-basierte Lösung im Aufbau, die kurz und knapp die Erfahrungen und Spezialgebiete aller Mitarbeiter:innen deutlich macht, um insbesondere neuen Mitarbeiter:innen einen schnellen Überblick über die Kompetenz der unterschiedlichen Kolleg:innen zu ermöglichen.

Vielleicht die wichtigste Erkenntnis, welche zahlreichen Learnings zugrunde liegt, ist, dass in lateralen Strukturen Organisationsentwicklung und Personalentwicklung, Management und Führung miteinander verzahnt werden müssen, um massive Rückschläge zu verhindern. Die Umstellung der Organisation auf situative, von Hierarchien abgekoppelten Rollen im Projekt wird zu Recht als tief greifende Veränderung wahrgenommen und löst in vielen Fällen Widerstände aus. Mitarbeiter:innen auf höheren Hierarchiestufen empfinden es häufig als Verringerung ihres Gestaltungsspielraums, wenn sie nicht mehr automatisch die Projektführung übernehmen und gegebenenfalls sogar zeitweilig als MA unter einem PO arbeiten, dem sie vorgesetzt waren. Mitarbeiter:innen auf niedrigeren Hierarchiestufen wiederum können sich überfordert fühlen, wenn sie aus dem Stand als PO Führungsaufgaben und Projektverantwortung übernehmen sollen. Hinzu kommt die hohe Leistungs- und Reputationstransparenz der zentralen Kapazitätsverteilung, die individuell sehr belastend sein kann.

Dies alles hat zu einer höheren Fluktuation im Change-Prozess geführt, als dies in der Kommunikationsbranche ohnehin schon üblich ist. In gewissen Grenzen ist dies unvermeidlich. Vermutlich ist es sogar wünschenswert, wenn die Agentur vorrangig Menschen bindet, die sich

für ein unkonventionelles Organisationsmodell mit höheren persönlichen Chancen und Herausforderungen begeistern können. Damit
die Zentrifugalkräfte aber nicht überhandnehmen, ist es erforderlich,
die Ziele der Umgestaltung sowie die Milestones auf dem Weg dorthin
klar zu kommunizieren sowie jeden Schritt mit den erforderlichen
Kommunikations- und Schulungsmaßnahmen zu begleiten.

Bei der konkreten Arbeit in den neuen Strukturen hat es sich als
besonders herausfordernd erwiesen, ein Zurückfallen in alte, gelernte
Machtverhältnisse zu verhindern. Die Bewertung strategischer Konzepte
und insbesondere kreativer Leistungen im Kommunikationsgeschäft hat
unvermeidlich eine hohe subjektive Komponente. Bei der Entscheidung
zwischen gestalterischen Optionen ist es daher in der Anfangsphase
des Umstellungsprozesses häufig dazu gekommen, dass ein PO die
Verantwortung an die früheren Verantwortungsträger – und damit
häufig an den SV – zurückgespielt hat. Noch einschneidender ist der
umgekehrte Fall, wenn eine hierarchisch höhergestellte Mitarbeiter:in
die Entscheidung des PO umstößt und aufgrund ehemaliger Macht das
eigene Bauchgefühl für ausschlaggebend erklärt. Dies diskreditiert nicht
nur den betreffenden PO, sondern stellt die Gültigkeit der gesamten
neuen Struktur infrage. Insbesondere von der alten Führungsriege
wird also eine hohe Selbstdisziplin verlangt, um die im Organisations-
gedächtnis des Systems noch vorhandene Führungsposition nicht für
kontraproduktive Machtspiele auszunutzen. Sie muss lernen, ihre Ein-
flussnahme rollengerecht zu beschränken, also beispielsweise in der
Rolle des SV als Coach zu agieren, der lediglich über laterale Führungs-
instrumente verfügt. Dies fällt leichter, wenn in der Organisation ein
festes Feedback- und Diskurssystem etabliert ist, das Reibungspunkte
aufdeckt und verhandelbar macht.

Eine vergleichbare Gefahr des Rückfalls in gewohnte Strukturen
gibt es auch bei der Agenturhierarchie. Wenn SV-Rollen fast nur von
der Geschäftsführung übernommen werden und als Gesamtsteuerung
von Projekten missverstandene PO-Rollen notorisch an die alte Senior-
Riege vergeben werden, beschränkt sich das neue System auf eine
Umetikettierung der vertrauten Pyramide und sorgt auf den unteren
Rängen der MA für massive Unzufriedenheit. Es ist also unerlässlich,
Rollen tatsächlich situativ und vor allem deutlich dynamischer als in

den alten Strukturen zu besetzen. Schlüssel hierfür ist es, die Rolle des PO so zuzuschneiden, das er oder sie zum Servant Leader des Teams wird. Auf diese Weise erhöht sich zwangsläufig der kreative Gestaltungsspielraum für die MA. Die Begrenzung der Machtfülle des PO sollte aber noch weiter gehen. Es hat sich im Projektverlauf gezeigt, dass gute Administratoren selten auch gute Coaches sind. Die Rollen des SV für die fachliche Unterstützung und der Mentor:in für die persönliche Entwicklung wurden also immer häufiger von höheren Hierarchiestufen übernommen, die entsprechend seltener PO-Rollen einnahmen. Damit ergibt sich ein neuer, sinnstiftender Schwerpunkt im Bereich Führung und Personalentwicklung, der von den MA sehr begrüßt wurde. Vor allem die Rolle der Mentor:innen hat sich bei der langfristigen Bindung von Mitarbeiter:innen als außerordentlich wichtig erwiesen. Belastungsspitzen und Konflikte werden deutlich besser verkraftet, wenn im Mentor:in/Mentee-Verhältnis gemeinsam eine positive Entwicklungsperspektive entwickelt werden kann. Im Verlauf des Change-Projekts ist es also gelungen, die neuen Rollen mit Leben zu füllen und von alten Machtgefügen abzukoppeln. Dazu hat ein gutes Stück weit auch die Akquisition neuer Mandate beigetragen, in denen von Anfang an nach dem neuen Regelwerk gearbeitet werden konnte.

Das komm.passion-System

Seit 2014 befindet sich komm.passion in einem radikalen Selbstversuch. Der Grundgedanke: Ein systemischer Brückenschlag aus maximaler Effizienz und Agilität. Dazu hat sich die Agentur aus den bekannten Modelle zur Effizienzsteigerung sowie aus agilen Methoden bedient und sinnvolle Aspekte in ein eigenes laterales System überführt. Dieses System beruht auf drei systemischen Einheiten:

- **PO-System:** Jedes Projekt – egal ob interner Auftrag oder Kundenprojekt – hat einen „Project Owner" (PO). Dieser ist verantwortlich für den inhaltlichen und kaufmännischen Projekterfolg. Er stellt sich aus dem Pool aller Mitarbeiter:innen standortübergreifend sein Projektteam zusammen, verteilt Aufgaben und hält Timings. Wer PO und wer Teammitglied wird, ist dabei völlig hierarchie-unabhängig. So kommt es im Alltag regelmäßig vor, dass ein:e Junior-Berater:in der Geschäftsführung To-dos gibt und ihre Arbeit bewertet. Jedem PO wird eine Supervision (SV) zur Seite gestellt, ein:e Kollege:in mit Erfahrung, die für strategisches Sparring bereit steht und bei wichtigen Entscheidungen den PO unterstützt.

- **Mentoren-System:** Mitarbeiterführung funktioniert in einer lateralen Organisation nicht entlang disziplinarischer Vorgesetzten-Mitarbeiter-Beziehungen. Es geht stattdessen um persönliche und inhaltliche Führung und Förderung von Menschen, die in ähnlichen Interessensgebieten tätig sind. Jede:r Mitarbeiter:in bei komm.passion hat dabei eine:n für sie passende:n Mentor:in.
- **Kompetenz-System:** Wissen ist der Erfolgsgarant von Agenturen bzw. Beratungen. Im lateralen System sind Kompetenz-Treiber dafür verantwortlich, Wissen zu erhalten, zu verteilen und weiter aufzubauen. Das betrifft auch das digitale Verfügbarmachen von Best Practice und Cases – zum Beispiel im eigenen Wiki auf Sharepoint-Basis.

Literatur

Peters M (2018) Laterales Management und systemische Führung in Beratungsunternehmen. Master-Thesis Donau-Universität Krems, Case Study über den Veränderungsprozess der komm.passion GmbH

7

Das 3A-Modell

Zusammenfassung komm.passion ist als Agentur nicht zwingend eine Blaupause für Unternehmen und Konzerne. Um das System auf die breite Unternehmenswelt zu übertragen, hat komm.passion das „3A-Modell" entwickelt. Es soll vor allem Kommunikations- und Marketingabteilungen, aber auch Vertriebs- und HR-Strukturen in Konzernen und mittelständischen Unternehmen flexibilisieren und agilisieren. Und damit letztlich nicht nur schneller, sondern vor allem auch effizienter machen.

Das komm.passion-Modell ist, wie der Name erahnen lässt, das Modell das sich seit 2014 exakt auf die Bedürfnisse von komm.passion angepasst hat. Das heißt: Perfekter Zuschnitt auf eine Agentur, die sich als Synthese aus Unternehmensberatung und Kreativagentur versteht und standortübergreifend arbeitet. Auch wenn diese Voraussetzungen sicher für eine Reihe von Dienstleistern, allen voran Agenturen und Beratungen, in ähnlicher Form gelten, so gelten sie noch lange nicht für größere Unternehmen und Konzerne. Wie können diese vom beschriebenen systemischem Brückenschlag profitieren?

Die Antwort darauf könnte das 3A-Modell sein. Die drei „A" stehen für Agile, Adaptive und Accountable (siehe Abb. 7.1). Das Modell

A. Güttler und T. Bruse, *Beyond Agile,* https://doi.org/10.1007/978-3-662-65034-9_7

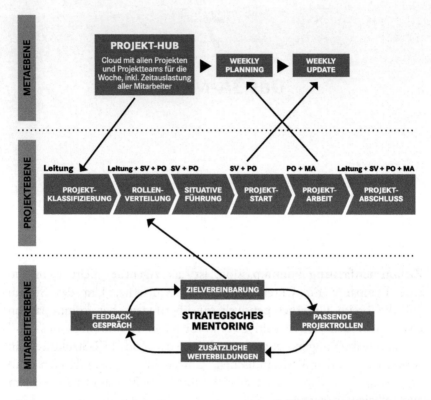

Abb. 7.1 Das 3A-Modell. (© komm.passion 2022. All Rights Reserved)

ist auf Basis zweier Perspektiven entstanden: Zum einen aus den Erfahrungen, die komm.passion beim eigenen Selbstversuch gemacht hat – schließlich müssen andere nicht die eigenen Fehler wiederholen. Und zum zweiten aus der Beratungserfahrung zahlreicher Projekte bei diversen Unternehmen, denn als Agentur bietet komm.passion schon seit 2005 Organisationsberatung als Dienstleistung an.

Bevor wir uns den Details des 3A-Modells widmen, starten wir mit seinen Einsatzmöglichkeiten und Grenzen. Das Modell hat bis dato vor allem in einzelnen Abteilungen Einsatz gefunden, wurde aber noch nie als Basis-Organisation für einen gesamten Mehrsparten-Konzern in der Praxis getestet. Entwickelt ist es aus dem Dienstleistungsgedanken heraus vor allem für die Abteilungen Kommunikation, Marketing oder Sales. Aber auch andere „interne Services", wie zum Beispiel die HR-Abteilung, könnten davon profitieren. Ob sich allerdings eine Produktion in Form von 3A organisieren ließe, darf bezweifelt werden.

Durch die spezifische Anpassung auf Abteilungen wie Marketing, Kommunikation oder Vertrieb zeigen sich die Vorteile dafür umso deutlicher. Höhere Effizienz, größere Flexibilität, mehr Verantwortung für jede:n Einzelne:n und schnellere Entscheidungswege agilisieren das Unternehmen in Zeiten ständiger Veränderung. Denn vor allem kommunikationsnahe Abteilungen erleben quasi pausenlosen Wandel. Digitalisierung und Globalisierung stellen Kommunikationsexpert:innen, Marketer:innen und Verkäufer:innen vor neue Herausforderungen. Häufig wird auf diese Anforderungen allerdings mit alten Lösungsmodellen geantwortet. Eine weitere Abteilung, eine zusätzliche Hierarchieebene oder ein neuer, in Stein gemeißelter Prozess können aber die Probleme einer Welt nicht lösen, die von kontinuierlichem Wandel geprägt ist. Es ist also an der Zeit, die Art und Weise zu verändern, wie miteinander gearbeitet wird. Hier setzt das 3A-Modell an.

Das Modell muss anders sein als bestehendes, weil die unberechenbare und vielfältige Welt der Kommunikation von uns schnellere und effizientere Antworten verlangt. Es geht häufig darum, extrem kurzfristig zu reagieren, ohne dass eine bestimmte Aktion geplant oder in Einzelschritten visualisiert werden könnte. Gleichzeitig muss das Modell pragmatisch und umfassend genug sein, um flexibel auf die unterschiedlichsten Herausforderungen reagieren zu können. Manchmal – zum Beispiel im Falle einer Krise – braucht es eben gerade keine Agilität, sondern eine feste hierarchische Führung. Darüber hinaus soll das Modell dabei helfen, nicht nur Aufgaben und Projekte besser zu bearbeiten, sondern auch eine transparentere Feedback-Kultur und schnellere Mitarbeiterentwicklung zu fördern. Auch das ist in Zeiten der Veränderung ein wichtiger Erfolgstreiber.

Die grundsätzliche Logik des Modells basiert darauf, einzelne Aufgaben in Projekte einzuteilen. Das können sowohl große und komplexe Aufgaben sein, wie die Umsetzung einer Multi-Channel-Kampagne, das können aber auch kleinere Aufgaben sein, zum Beispiel das Erstellen einer Pressemitteilung. Es können sowohl wiederkehrende oder gar Routineaufgaben sein als auch ganz neue kurzfristige Herausforderung. Egal welche Aufgabe, sie wird als eigenständiges – kleines oder großes – Projekt behandelt.

7.1 Die Struktur: Rollen und Ebenen

Im 3A-Modell gibt es vier festgelegte Rollen auf drei strukturellen Ebenen. Aus RACI lernen wir, dass klar sein muss, wer im Prozess welche Rolle und Verantwortungsbereiche hat. Agilität entsteht dann vor allem über den ständigen Rollenwechsel auf unterschiedlichen Projekten. Darüber hinaus sollte mit jedem Rollenbild ein Hoheitsgebiet verknüpft sein. Das 3A-Modell definiert drei zentrale Rollen auf Projektebene (Project Owner, Supervisor, Mitarbeitende) sowie eine zentrale Rolle auf der Metaebene (Leitung). Die ersten drei Rollen ähneln dabei stark dem komm.passion-Modell, die Leitungs-Rolle ist am ehesten mit der Geschäftsführung vergleichbar. Hier einmal im Überblick – und als Reminder:

Leitung: Die Leitung ist für den übergreifenden Erfolg der gesamten Abteilung verantwortlich. In der Regel übernimmt der Abteilungsleiter:innen diese Rolle. Er kann die Aufgabe aber auch bewusst unter mehreren Kolleginnen und Kollegen (wie den:die Leiter:in Interne Kommunikation oder den:die Leiter:in Digitale Kommunikation) aufteilen, beispielsweise wenn die Gesamtabteilung besonders viele Mitarbeiter:innen hat und dementsprechend viele Aufgaben mit der Rolle verbunden sind (dazu später mehr im Bereich „Metaebene").

Project Owner (PO): Der PO ist verantwortlich für den Erfolg des Projektes und wird an diesem Erfolg gemessen. Er kümmert sich um organisatorische Themen wie die Verteilung von Teil-Aufgaben und Timings sowie um buchhalterische Dinge wie Kalkulationen oder das

Einholen von Angeboten. Darüber hinaus steuert er – ähnlich wie der Product Owner bei Scrum – durch das Projekt.

Supervision (SV): Die Supervision ist der strategische Backup für den PO. Er ist sein:ihre Sparringspartner:in sowie Impulsgeber:in und unterstützt ihn bei kritischen Themen, wichtigen Terminen oder relevanten Rückfragen.

Mitarbeitende (MA): Der:Die Mitarbeiter:in ist Teil des Projektteams. Er erhält Aufgaben vom PO und bearbeitet sie im vorgegebenen Timing. Dabei ist er gleichzeitig proaktiver Inputgeber und treibt eigene Subthemen im Projekt voran. Er:Sie ist oft absolute:r Expert:in auf einem bestimmten Gebiet und daher essentiell für den Projekterfolg.

Rollenwechsel: Die Rollen können pro Projekt sehr unterschiedlich sein. Ein und der:dieselbe Mitarbeiter:in kann also auf drei Projekten in drei Projektrollen gleichzeitig im Einsatz sein. Eine Besonderheit ist zudem, dass einzelne Mitarbeiter:innen nicht mehr auf ihre Unit festgelegt sein sollten. Kommunikation erfordert mehr und mehr integriertes Denken. Ein:e Mitarbeiter:in kann also beispielsweise parallel an einem internen, einem externen und einem Projekt rund um die Personalkommunikation beteiligt sein.

7.2 Die Projektebene

Die Zusammenarbeit auf den einzelnen Projekten folgt immer einem festen Raster. Innerhalb dieses Rasters sind aber unterschiedlich starke Gewichtungen möglich. Dieses Raster ist detaillierter, als wir es aus dem Alltag bei komm.passion kennen. Das soll vor allem die Implementierung erleichtern, indem klare Leitplanken gesetzt werden:

1. **Projektklassifizierung:** Die übergreifenden Verantwortlichen (zum Beispiel Leiter:in Marketing) klassifizieren ein neues Projekt. Dabei

strukturieren sie es nach Kriterien wie Priorität, Timing, strategischer Relevanz oder Mitarbeiter-Ressourcen beziehungsweise Budgets.

2. **Rollenverteilung:** Auf Basis der Klassifizierung legt die Leitung die Supervision und den Project Owner fest. In dieser Dreierkonstellation wird dann über die Anzahl und Kompetenzen der weiteren Mitarbeiter:innen für das Projekt entschieden.

3. **Situative Führung:** SV und PO wählen auf Basis des Vorgesprächs einen sinnvollen Führungsstil für das Projekt. Muss das Projekt hierarchisch durchregiert werden oder braucht es maximale Partizipation und Offenheit? Darüber hinaus einigen sich SV und PO auf eine entsprechende Dokumentation beziehungsweise Visualisierung des Projekts (zum Beispiel Kanban).

4. **Projektstart:** SV und PO rufen alle Mitarbeiter:innen zum Projektstart zusammen. Hierfür hat der PO bereits Briefing, Timing, Aufgabenverteilung und die ersten relevanten Zwischenziele erarbeitet. Es werden Kapazitäten der Mitarbeiter:innen gebunden, ein Turnus für regelmäßige Abstimmungen wird festgelegt.

5. **Projektarbeit:** Die eigentliche Projektarbeit beginnt. Diese folgt natürlich den jeweiligen Spielregeln. Je nach Art des Projekts und des Führungsstils gibt es unterschiedliche Standardprozesse, in denen auf dem Projekt agil zusammengearbeitet werden kann.

6. **Nachjustieren:** Während des Projekts sollte regelmäßig nachjustiert werden, wenn Probleme auftauchen, mehr Kapazitäten benötigt werden oder sich das Projekt anders entwickelt, als ursprünglich erwartet.

7. **Projektabschluss:** Am Ende des Projekts sind PO und SV verantwortlich dafür, relevante Learnings und Verbesserungspotenziale mit ihren Mitarbeiter:innen und der Leitung zu diskutieren sowie für Folgeprojekte zu dokumentieren.

7.3 Metaebene & Mitarbeiterebene

Neben den Verantwortlichen für das Projekt- und Tagesgeschäft wird immer auch die oder der „Gesamtverantwortliche" (Leitung) benötigt. Je nach Größe der Abteilung kann das die Abteilungsleitung oder ein erweitertes Leitungsteam sein. Zum Beispiel wenn Marketing, Kommunikation und Außendienst strukturell in getrennten Abteilungen bleiben müssen, aber dennoch agiler und flexibler miteinander kollaborieren möchten. Dieses Leitungsteam ist dafür verantwortlich, dass die Gesamtabteilung auch projektübergreifend funktioniert. Es hebt Synergien, verteilt Kapazitäten und priorisiert abteilungsübergreifend die einzelnen Projekte. Nicht zuletzt sorgt es dafür, dass alle Projekte ineinandergreifen und auf das strategische Unternehmensziel hinarbeiten. Damit bleibt die Abteilungsleitung (oder die Abteilungsleiter:innen) übergreifend in ihrer hierarchischen Rolle. Innerhalb eines Projekts kann aber auch die Leitung agil als SV, PO oder MA eingebunden werden.

Zentrales Steuerungswerkzeug der Leitung ist der Projekt-Hub. Dort sind alle Projekte der Abteilungen und die jeweiligen Mitarbeiter:innen, die auf diesen Projekten arbeiten, visualisiert. Der Projekt-Hub kann digital erstellt werden, hier gibt es unterschiedliche Software-Ansätze zur Visualisierung. Wie bei komm.passion sind auch im 3A-Modell die einzelnen POs wöchentlich dafür verantwortlich, ihre Projekte für die Folgewoche zu planen. Dafür buchen sie Zeitstunden aller Mitarbeiter:innen, die sie für das Projekt benötigen. Dazu gibt es die sogenannten „Weekly Plannings" und „Weekly Updates". In den Plannings, am besten gleich zum Wochenstart, bespricht die Leitung mit allen Kollegen die anstehende Woche. Gibt es einen insgesamt zu großen Workload, werden einzelne Projekte depriorisiert. Sind einzelne Kollegen überbucht, können diese von den Kollegen, die nicht voll gebucht sind, unterstützt werden. Zur Wochenmitte sollte dann noch ein „Weekly Update" folgen – schließlich laufen die Wochen nur selten wie geplant, und es kann immer ein Notfall eintreten, der zu Wochenstart noch nicht abzusehen war. In diesem Fall werden Kapazitäten wieder neu verteilt und andere Projekte depriorisiert. Das Ergebnis ist eine dauerhaft transparente Arbeits- und Projektplanung.

Das System der flexiblen Organisation im 3A-Modell steht und fällt mit den Mitarbeiter:innen. Sie müssen für ihre unterschiedlichen Rollen auch mental adaptationsfähig genug sein und sich immer neu auf die wechselnden Anforderungen einlassen. Gelingt ihnen das, garantiert die hochintegrierte Arbeit mit wechselnden Verantwortungen eine steile Lernkurve und eine maximale Entwicklung des individuellen Potenzials. Um die Mitarbeiterführung und -entwicklung den adaptiven Strukturen im 3A-Modell anzupassen, ist strategisches Mentoring elementar wichtig. Jede:r Mitarbeiter:in hat eine:n Mentor:in, der:die für die Entwicklung verantwortlich ist. Der:die Mentor:in kann, muss aber nicht, aus der nächsten Führungsebene stammen. Gerade bei jungen Mitarbeiter:innen können auch andere Kolleg:innen die Mentor:innenrolle einnehmen. Das strategische Mentoring gliedert sich in vier zentrale Bereiche: Zielvereinbarungen, Identifikation passender Projektrollen, Weiterbildungen und Feedbackgespräche.

7.4   Implementierung in Unternehmen

Die Erfahrung zeigt: Ein agiles System innerhalb eines Unternehmens einzuführen, wird nicht zwingend mit Jubelschreien begrüßt. Es herrscht zwar häufig Unzufriedenheit darüber, dass Prozesse zu starr und kompliziert sind und es existiert auch ein nicht näher definierbarer Wunsch nach Veränderung bei Mitarbeitenden und Führungskräften. Doch bei der Frage danach, wer sich selbst und seine Art zu Arbeiten verändern möchte, weicht der Wunsch nach Verbesserung einer allgemeinen Skepsis. Diese ist häufig nicht unbegründet: Vorgaben und unveränderbare globale Strukturen in Konzernen machen viele Ansätze in Richtung mehr Agilität zunichte. Wer 3A einführen möchte, macht das in aller Regel nicht auf der grünen Wiese, sondern inmitten einer komplex gebauten Großstadt mit diversen Verkehrsregeln, verschachtelten Straßen und Seitengassen.

Daher ist es unabdingbar, vor der Einführung eines agilen Modells wie 3A den Status Quo genau zu analysieren und zu verstehen. Warum machen wir die Dinge so, wie wir sie heute machen? Was davon können wir ändern? Was ist unveränderbar? Weil diese Fragen in jedem Unternehmen anders beantwortet werden, sieht das 3A-Modell nirgendwo identisch aus. Es wird bei der Implementierung immer flexibel auf die bestehenden Rahmenbedingungen angepasst und adaptiert. Das Modell ist also mehr als grundsätzliche Systematik zu verstehen, nicht als „One-Fits-All-Solution".

Unternehmen, die diese Systematik bei Kommunikation, Marketing oder in anderen Funktionen einführen, werden aber schnell von einer agileren Arbeitsweise profitieren. Denn die allererste Veränderung findet im Mindset der Mitarbeiter:innen statt – und das allein kann schon viel bewegen.

8

Ausblick

Zusammenfassung Ein Grundgedanke der Agilität ist sinngemäß: „Fertig gibt's nicht." Dementsprechend sind weder das System bei komm.passion noch das 3A-Modell der Heilige Gral der Unternehmensorganisation. Aber sie sind ein entscheidender Brückenschlag zur Verbindung der „alten und neuen Welt" von Unternehmensorganisation. Dieser Brückenschlag kann in Zukunft wohlmögliche Basis für weitere Modelle und Systeme werden, die weit mehr sind als „agil".

Das komm.passion-System ist weltweit einzigartig, hat sich in seiner adaptierten Form der lateralen Organisation aber als echter Treiber von Effizienz und Flexibilität erwiesen, ohne dabei klare Strukturen und Regeln aufzugeben. Das führt zu Empowerment der Mitarbeiter:innen, zu rasanten Lernkurven und zu echter Agilität im Arbeitsalltag. Auch in ersten Kundenprojekten, bei denen komm.passion Marketing- und Kommunikationsabteilungen von Unternehmen reorganisiert, wurden einige der genannten Prinzipien in Form des 3A-Modells erfolgreich eingesetzt. Die Herausforderungen der Zukunft, getrieben durch Globalisierung, Digitalisierung und immer schnellere Veränderungen werden eine neue Art der Organisation dauerhaft unabdingbar machen.

Wie sagte ein Kollege treffend: „Change ist das neue Corporate." Auf diesen Dauer-Change müssen sich Marketing- und Kommunikationsstrukturen einstellen.

Doch es wäre vermessen und völlig falsch zu behaupten, dass das komm.passion-System oder das 3A-Modell das Ende der Entwicklung oder gar der „Heilige Gral" der Organisationsform wären. Die Grundsätze der Agilität verbieten es, etwas als „fertig" zu betrachten. Es geht stattdessen um ständige Veränderungen und Verbesserungen. An eben diesen arbeitet auch komm.passion. Unter anderem geht es beispielsweise um die noch bessere Verzahnung von Zeit und Geld. Um Kundenprojekte profitabel umsetzen zu können, müssen die entsprechenden Angebote und Kalkulationen eingehalten werden. Aber im System buchen die POs Kapazität in Form von Zeit, nicht von Geld. Hier eine noch stärkere und einfachere Einheit zu schaffen, die Zeit und Geld quasi gleichsetzt, wird ein wichtiger Meilenstein zu noch höherer Profitabilität und verbessertem Projektcontrolling. Beispiele für Verbesserungsansätze wie diese gibt es zahlreiche, denn kein Tag im System funktioniert perfekt.

Diese fehlende Perfektion führt dazu, dass immer wieder etwas Neues probiert wird und neue Impulse gesetzt werden. Wenn sich diese bewähren, werden sie beibehalten. Wenn nicht, dann verschwinden sie von selbst wieder. Diese kontinuierliche Veränderung und Verbesserung des Status Quo geht mit einer erhöhten Veränderungsfähigkeit in der Agentur einher. Beim Blick in die Zukunft könnte diese Veränderungsfähigkeit – nicht nur bei komm.passion – zu einem echten Wettbewerbsvorteil im Markt werden. Wenn Agilität und Veränderungsfähigkeit zum Teil der DNA eines Unternehmens werden, ist das die Basis für stetige Weiterentwicklung und Verbesserung. Change ist das neue Corporate. Darauf müssen Unternehmen in Zukunft mit flexiblen Organisationsformen vorbereitet sein.

Printed by Printforce, the Netherlands